Gestão de Mudanças em Abordagens Ágeis

Gino Terentim
Vicente Gonçalves

Gestão de Mudanças em Abordagens Ágeis

HCMBOK® TO AGILE
The Human Change Management Body of Knowledge

Apoio:

HUCMI
Human Change
Management Institute

BRASPORT

Rio de Janeiro
2020

Editor: Sergio Martins de Oliveira
Gerente de Produção Editorial: Marina dos Anjos Martins de Oliveira
Editoração Eletrônica: Abreu's System
Capa: Use Design

DADOS INTERNACIONAIS DE CATALOGAÇÃO NA PUBLICAÇÃO (CIP)

T316g Terentim, Gino
Gestão de mudanças em abordagens ágeis : HCMBOK® to AGILE : The human change management body of knowledge / Gino Terentim, Vicente Gonçalves. – Rio de Janeiro: Brasport, 2020.
200 p. : il. ; 17 x 24 cm.

Inclui bibliografia.
ISBN 978-85-7452-955-4

1. Agilidade. 2. Produtividade. 3. Eficiência no trabalho. 4. Gestão de equipes. I. Gonçalves, Vicente. II. Título.

CDU 65.011.4

Bibliotecária responsável: Bruna Heller – CRB 10/2348

Índice para catálogo sistemático:
1. Produtividade / Eficiência / Sucesso / Etc. 65.011.4

BRASPORT Livros e Multimídia Ltda.
Rua Teodoro da Silva, 536 A – Vila Isabel
20560-005 Rio de Janeiro-RJ
Tels. Fax: (21)2568.1415/3497.2162
e-mails: marketing@brasport.com.br
vendas@brasport.com.br
editorial@brasport.com.br
www.brasport.com.br

Prefácio

Em tempos de febre das "transformações ágeis" que estão invadindo as organizações, muitas vezes desordenadas e sem avaliar o aspecto humano envolvido na mudança, acabamos deparando com um pouquinho de tudo: pessoas bem-intencionadas tentando fazer algo sem apoio da alta gestão, pessoas com pouco conhecimento técnico tentando "mudar a organização" no "peito e na raça", executivos "comprando" *frameworks* prontos como "solução mágica" de seus problemas, consultores defendendo seus "*frameworks* de estimação" como SAFe, *Kanban*, *Scrum*, *Management* 3.0 e outros, seja com viés ideológico, seja com viés puramente comercial.

Sempre perguntamos: "Como estamos analisando a complexidade dos sistemas organizacionais?", "Como estamos entendendo o impacto das restrições nestes sistemas?" "Como estamos conduzindo essas transformações através de uma gestão pragmática de mudanças?". E muito nos preocupa quando ouvimos que essas respostas não estão sendo procuradas. Que muitos estão mais preocupados com qual método utilizar, em vez de entender como gerir a mudança necessária que o sistema pede para operar com o método.

Então, apoiamos e divulgamos sempre novas obras que geram um caminho para lidar com os métodos adaptativos de gestão de projetos, os vulgos métodos ágeis, através de processos de gestão de mudanças focados principalmente no fator humano.

E esta é a proposta de Gino Terentim e Vicente Gonçalves, ao adaptar o consolidado HCMBOK® para endereçar as mudanças provocadas em tempos de VUCA. Não sabe o que é VUCA? Não se preocupe, os autores entrarão com uma riqueza de detalhes e com uma rara profundidade que nunca vimos em outros livros sobre o tema.

Se você procura um livro pragmático, falando de agilidade, mas sem ignorar as mudanças necessárias considerando o fator humano, acabou de encontrar sua leitura.

Esperamos que você, assim como nós, utilize o conhecimento adquirido neste livro como apoio para as organizações se adequarem a esse momento de mudanças de forma estruturada e racional.

Desejamos uma ótima leitura a todos!

Vitor Massari
CEO da Hiflex Consultoria
Especialista em *Lean* e *Agile*

Fábio Cruz
Technical Director da Hiflex Consultoria
Especialista em PMO e *Agile*

Sumário

Introdução

A crescente adoção de metodologias e *frameworks* ágeis para gestão de projetos, especialmente, mas não exclusivamente, na área de tecnologia da informação, vem provocando dúvidas e questionamentos na comunidade de gestores de mudanças, profissionais de RH, projetos e especialistas em abordagens ágeis. Qual o papel do gerente de mudanças quando trabalhando em um projeto conduzido com um *framework* ou metodologia ágil? Quais atividades de gestão de mudanças devem ser realizadas e em que sequência? O que muda afinal em termos de gestão de mudanças quando a mudança é introduzida através de um projeto que usa uma abordagem ágil?

Responderemos essas e outras questões ligadas ao tema Ágil em três partes. Na primeira, trataremos da história, de mitos, verdades e conceitos do Ágil.

Na sequência apresentaremos as alternativas para aplicação das atividades de gestão de mudanças em projetos que adotam *frameworks* ou metodologias ágeis. Isso é a gestão de mudanças em projetos com abordagens ágeis.

Na terceira parte veremos que o "pensamento ágil" pode ser utilizado para definir a estratégia de introdução das mudanças em uma organização. Isso é a Gestão Ágil da Mudança.

Podemos desde já adiantar que a essência do trabalho de gestão de mudanças – engajar os *stakeholders* e gerir os antagonismos – é a mesma em qualquer metodologia de gestão de projetos. Entretanto, nos projetos geridos com abordagens ágeis, existem algumas peculiaridades que precisam de ajustes na maneira como gerimos e lideramos as mudanças.

Projetos são um meio para alcançarmos objetivos estratégicos de uma organização, e para isso mudanças no ***status quo*** serão introduzidas. Não importa sua abordagem metodológica nem o tipo de projeto que será desenvolvido, pessoas estarão envolvidas e é através das mudanças humanas que chegaremos às mudanças organizacionais pretendidas.

A maioria, se não a totalidade das metodologias ou *frameworks* ágeis, surgiu inicialmente com foco em projetos de desenvolvimento de software. Entretanto, no mundo contemporâneo, projetos de diversas naturezas podem ser conduzidos nesse modelo, em organizações dos mais diferentes segmentos e portes. O que define o uso ou não de uma abordagem ágil é a complexidade da empreitada e a imprevisibilidade dos resultados esperados. É nesse contexto de experimentação, incremento, *feedback* ativo e adaptação contínua que a aplicação de um modelo ágil pode trazer valor para seus projetos.

Quando abordamos modelos ágeis de gestão de projetos, considerando apenas a complexidade das variáveis técnicas e a previsibilidade dos resultados esperados do ponto de vista dos produtos e serviços a serem desenvolvidos, deixamos de lado um vetor essencial para o sucesso da empreitada: o fator humano.

Ao abordarmos um projeto desenvolvido com um modelo ágil incluímos também a imprevisibilidade em relação a resposta humana às mudanças que serão introduzidas pelas entregas do projeto. É justamente para lidar com a complexidade e imprevisibilidade do fator humano que a gestão de mudanças pode trazer muito valor aos modelos ágeis, inclusive influenciando no planejamento do projeto, suas *Releases* e iterações. Os efeitos das mudanças no ser humano não dizem respeito ao modelo metodológico que o projeto adotará. Tão logo uma mudança é conhecida pela organização, a resposta humana a essa mudança começa a acontecer. Fenômenos como o luto antecipatório organizacional ocorrem desde a iminência de uma mudança, antecedendo assim o próprio início do projeto.

Endereçar as questões humanas de maneira correta, desde seu primeiro momento, quando a mudança é discutida e priorizada no portfólio de iniciativas estratégicas, amplia tremendamente as chances de engajamento dos *stakeholders* e a redução dos antagonismos.

Usaremos como referência em gestão de mudanças o guia **HCMBOK®** – *The Human Change Management Body of Knowledge* – mencionando suas macroatividades e atividades sem detalhá-las exaustivamente, uma vez que seus fundamentos, ferramentas e boas práticas já fazem parte do **HCMBOK®** e a redundância de informações nada acrescentaria.

Se você não teve nenhum contato com o **HCMBOK®**, recomendamos que considere a alternativa de usá-lo como fonte de consulta complementar, de forma a facilitar a compreensão do texto e como consequência ter maior facilidade na aplicação dos conceitos apresentados.

O **HCMBOK®** está estruturado em macroatividades e atividades relacionadas com as etapas típicas de um projeto, com a única finalidade de torná-lo mais fácil de ser compreendido e aplicado. Ser um guia objetivo, simples e pragmático faz parte da essência do **HCMBOK®** e dos princípios da terceira geração de Gestão de Mudanças (Change Management 3.0). Sua integração com metodologias de todos os tipos também é em muito facilitada em função dessa característica.

Um olhar pouco atento na estrutura do **HCMBOK®** pode interpretá-lo como um guia exclusivamente linear, inclusive porque suas macroatividades são numeradas, de forma a torná-lo um guia prático para ser consultado em seu uso diário nos projetos. Entretanto, com um olhar mais atento você logo perceberá que sua aplicação é altamente flexível, macroatividades podem mudar de etapas e ser reajustadas dinamicamente de acordo com o tipo de projeto e sua evolução. Além disso, o uso frequente de processos participativos, atitude empática, busca de *feedback* ativo junto aos *stakeholders* e a aplicação de um modelo iterativo de sustentação das mudanças ancorado em *workshops* de melhoria contínua nos permitem dizer que os conceitos do universo ágil fazem parte do DNA original do HCMBOK® desde sua criação.

Não temos nenhuma pretensão de sermos exaustivos em um tema tão abrangente, nem muito menos dispensar a sensibilidade humana para lidar com o fator humano. Nossa motivação sempre foi traduzir os conceitos abstratos apresentados na literatura tradicional para uma linguagem mais objetiva, simples de ser compreendida e sobretudo criar um caminho mais fácil para que a gestão de mudanças seja aplicada na prática.

Não podemos deixar de ressaltar que aplicar mecanicamente as macroatividades do HCMBOK® traz pouco valor ao processo de gestão de mudanças. Gerir a mudança é humanizá-la e é com essa convicção que apresentamos um modelo na forma de guia, mas que não abre mão de focar no ser humano como figura central de qualquer mudança. Esse conceito vale para o HCMBOK®, seja ele aplicado aos modelos tradicionais como aos modelos ágeis de gestão de projetos.

1. Desmistificando o conceito de Ágil

Sim, é necessário desmistificar o Ágil. Por quê? Bom, primeiro vamos trazer o significado da palavra "desmistificar", segundo o dicionário:

Desmistificar: 1. Destruir o caráter místico ou misterioso de; 2 desnudar (algo ou alguém) daquilo que mistifica, engana ou embeleza de maneira falsa; patentear, revelar, desmascarar.

Então, precisamos desmistificar o Ágil por dois motivos: para destruir o "misticismo" que envolve essa palavra e para "despir" esse conceito daquilo que o "engana ou embeleza de maneira falsa". Na verdade, depois dessa definição, tivemos certeza que esse seria o título ideal para este capítulo. Ao desmistificá-lo, enfrentaremos tanto a busca pelo Ágil como sendo uma poção mágica que eliminará imediatamente todos os males que impedem as organizações de alcançar o sucesso de suas estratégias quanto a atribuição de uma série de benefícios que conferem ao Ágil uma "beleza" irresistível, como a de uma doce sereia, que, com seu canto mágico, atrai marinheiros solitários e sedentos por companhia para o fundo do mar.

Para isso, precisaremos recorrer à história do surgimento dessa palavra. "O papel de um *Agile Project Manager* é, portanto, fundamentalmente diferente do de um gerente de projetos tradicional".

É com essa frase que Jeff Sutherland, um dos signatários do Manifesto Ágil para o desenvolvimento de software, e Nafis Ahmad, especialista em desenvolvimento de software e gerenciamento de projetos, embasam a introdução de um importante artigo escrito por ambos: "How a Traditional Project Manager Transforms to Scrum: PMBOK vs. Scrum" (2011). Esse artigo traz consigo o principal ponto que fez com que 17 especialistas em desenvolvimento de software se reunissem em novembro de 2001, em uma estação de esqui, em Snowbird, nas montanhas de Wasatch, em Utah, para discutir as práticas do *Extreme Programming* (**XP**) – uma consagrada metodologia de desenvolvimento de software que se destina a melhorar a qualidade do software e a capacidade de resposta às mudanças – e também para debater um grande problema: os métodos tradicionais para o desenvolvimento de software e gerenciamento de projetos não estavam mais funcionando. Quando essa reunião aconteceu, muitos dos métodos e *frameworks* que conhecemos hoje já existiam (por exemplo, XP, *Scrum*, DSDM, *Adaptive Software Development*, *Crystal*, *Feature-Driven Development*, entre outros). Ou seja, o primeiro mito: o Manifesto Ágil não deu origem aos métodos e *frameworks* que conhecemos hoje. Ao contrário, ele foi criado em razão dos resultados e experiências práticas que aqueles profissionais vinham obtendo ao longo dos últimos anos. Esses métodos e *frameworks* não eram conhecidos, então, como "ágeis", mas chamados de "métodos leves".

Muitas pessoas foram convidadas a participar dessa reunião, porém apenas 17 estavam presentes em fevereiro de 2001, quando o emblemático encontro aconteceu.

À luz das práticas popularmente empregadas pelo XP, por dois dias esses líderes da comunidade de desenvolvimento de software continuaram uma discussão sobre "métodos leves x métodos pesados", processos burocráticos desnecessários, ambientes tóxicos e tudo o que estaria impedindo as organizações de entrarem "agressivamente na era do *e-business*, do *e-commerce* e da *web*". Durante essa reunião, houve um grande alinhamento de valores e um consenso sobre como deveria ser pautado o desenvolvimento de software. E assim surgiu o Manifesto Ágil para o Desenvolvimento de Software, ou apenas Manifesto Ágil.

O ponto crucial para desmistificar o "Ágil" vem na sequência, contado a nós por uma das maiores referências em *Agile* de todo o mundo, Craig Larman, em um curso realizado em 2018 no Rio de Janeiro sobre o *framework* para escalar *Scrum*: LeSS (*Large Scale Scrum*). Craig é bastante próximo a muitos dos signatários do manifesto, participava dos fóruns de discussão sobre XP com frequência e apenas não estava no dia "D" por uma questão de agenda. Quando as mentes brilhantes do desenvolvimento de software se reuniram e decidiram que um manifesto deveria ser escrito, um nome precisava ser definido para substituir "métodos peso leve", que, convenhamos, não é um nome fácil de relacionar com software. Uma votação para escolher a palavra que melhor traduz os valores e princípios que estariam para ser publicados, então, foi realizada, e, adivinhe, *Agile* não foi a palavra vencedora, mas sim *Adaptive* (adaptativo). O nome deveria ser "Manifesto Adaptativo para o Desenvolvimento de Software", mas havia um problema: James Highsmith, um dos signatários do manifesto, havia publicado poucos anos antes um livro chamado "Adaptive Software Development", e, dessa forma, a palavra não seria conveniente – imagine só a enorme vantagem competitiva que James Highsmith teria ao relacionar o nome de seu livro ao título do manifesto. Assim sendo, a segunda mais votada foi eleita: *Agile*. Foi assim que surgiu a palavra "Ágil", a vice-campeã, quando ninguém naquela reunião havia gostado suficientemente da palavra "Leve" e "Adaptive", a palavra vencedora, havia sido desclassificada. Então, toda vez que você ouvir alguém falar "Ágil", pense em "Adaptativo".

E assim acabamos com todo o misticismo e a veneração que a palavra "Ágil" conquistou em função, muitas vezes, de uma interpretação equivocada sobre seu significado, propositalmente ou não.

Os autores do Manifesto Ágil:

- ✓ Kent Beck, criador do XP CEO, Enterprise Scrum Inc.
- ✓ Mike Beedle
- ✓ Arie van Bennekum
- ✓ Alistair Cockburn
- ✓ Ward Cunningham, desenvolveu o primeiro Wiki
- ✓ Martin Fowler
- ✓ James Grenning
- ✓ Jim Highsmith
- ✓ Andrew Hunt
- ✓ Ron Jeffries, um dos criadores do XP
- ✓ Jon Kern
- ✓ Brian Marick
- ✓ Robert C. Martin
- ✓ Steve Mellor
- ✓ Ken Schwaber, cocriador do *Scrum* e *Head* da Scrum.org
- ✓ Jeff Sutherland, cocriador do *Scrum* e CEO da Scrum Inc.
- ✓ Dave Thomas

Valores do Manifesto Ágil:

1. Indivíduos e interações mais que processos e ferramentas
2. Software em funcionamento mais que documentação abrangente
3. Colaboração com o cliente mais que negociação de contratos
4. Responder a mudanças mais que seguir um plano

Os 12 princípios do Manifesto Ágil

1. Nossa maior prioridade é satisfazer o cliente, através da entrega adiantada e contínua de software de valor.
2. Aceitar mudanças de requisitos, mesmo no fim do desenvolvimento. Processos ágeis se adequam a mudanças, para que o cliente possa tirar vantagens competitivas.
3. Entregar software funcionando com frequência, na escala de semanas até meses, com preferência aos períodos mais curtos.
4. Pessoas relacionadas a negócios e desenvolvedores devem trabalhar em conjunto e diariamente, durante todo o curso do projeto.
5. Construir projetos ao redor de indivíduos motivados, dando a eles o ambiente e suporte necessário, e confiar que farão seu trabalho.
6. O método mais eficiente e eficaz de transmitir informações para, e por dentro de, um time de desenvolvimento é através de uma conversa cara a cara.
7. Software funcional é a medida primária de progresso.
8. Processos ágeis promovem um ambiente sustentável. Os patrocinadores, desenvolvedores e usuários devem ser capazes de manter indefinidamente passos constantes.
9. Contínua atenção à excelência técnica e ao bom design aumenta a agilidade.
10. Simplicidade: a arte de maximizar a quantidade de trabalho que não precisou ser feito.
11. As melhores arquiteturas, requisitos e designs emergem de times auto-organizáveis.
12. Em intervalos regulares, o time reflete em como ficar mais efetivo, então, se ajusta e otimiza seu comportamento de acordo.

2. Breve história sobre o universo Ágil – do *Lean* aos dias atuais

Nos anos 40, a Toyota, uma das maiores montadoras do planeta, estava à beira da falência, impossibilitada de inovar e investir em seus equipamentos. A empresa passava por uma grande crise. Na verdade, todo o Japão se recuperava da destruição causada pela Segunda Grande Guerra. Esse cenário, de "caos", talvez seja o grande responsável pelo que hoje conhecemos como "pensamento enxuto", ou *Lean Thinking*. Vamos explicar: logo após o fim da Segunda Guerra, nos anos 50, iniciou-se uma longa história de pesquisa e colaboração entre Taiichi Ohno (Toyota), Shigeo Shingo (qualidade, Toyota) e Edward Deming (renomado consultor e professor na Universidade de NY) para a criação de um sistema de produção que pudesse reverter a situação crítica em que a Toyota estava inserida e, ainda, que fosse capaz de gerar lucro de forma sustentável, permitindo escala na produção e sustentabilidade nos negócios.

Estudioso, observador e com um profundo conhecimento sobre o negócio de sua empresa, Ohno desenvolveu o Sistema Toyota de Produção (**TPS** – *Toyota Production System*), fundamentado em dois pilares: o primeiro, *Just In Time*, é muito relacionado a fluxo contínuo e tem como principal objetivo identificar, localizar e eliminar desperdícios e assegurar um fluxo contínuo de produção por meio de *takt time* e produção puxada. O segundo pilar, *Jidoka*, consistia em conferir à equipe a prerrogativa de interromper a operação a qualquer momento sempre que uma anomalia fosse detectada ou quando a produção planejada fosse alcançada. Uma das formas de assegurar essa autonomia da equipe e o funcionamento do conceito *Jidoka* era por meio de um poderoso sistema de controle visual, chamado de corda *Andon*. Esses pilares eram sustentados por dois elementos: *Heijunka* (ato de nivelar a multiplicidade ou o volume de itens produzidos em um processo ao longo de um intervalo de tempo) e *Kaizen* (melhoria contínua).

O sucesso do sistema criado por Ohno teve uma grande repercussão no mundo todo, um dos motivos pelos quais obteve um grande destaque em sua carreira, tornando-se em 1970 diretor gerente sênior da Toyota. Em 1975, foi nomeado vice-presidente executivo da companhia, aposentando-se em 1978. Taiichi Ohno morreu em 28 de maio de 1990, em Toyota City, deixando um legado de conhecimento que influencia modelos de gestão no mundo todo até os dias atuais. O **TPS** foi a base do que, posteriormente, conheceríamos como "manufatura enxuta" (*Lean Manufacturing*) e que deu origem ao "pensamento enxuto" (*Lean Thinking*), popularizado em 2003 por James P. Womack e Daniel T. Jones no livro "Lean Thinking: banish waste and create wealth in your Corporation".

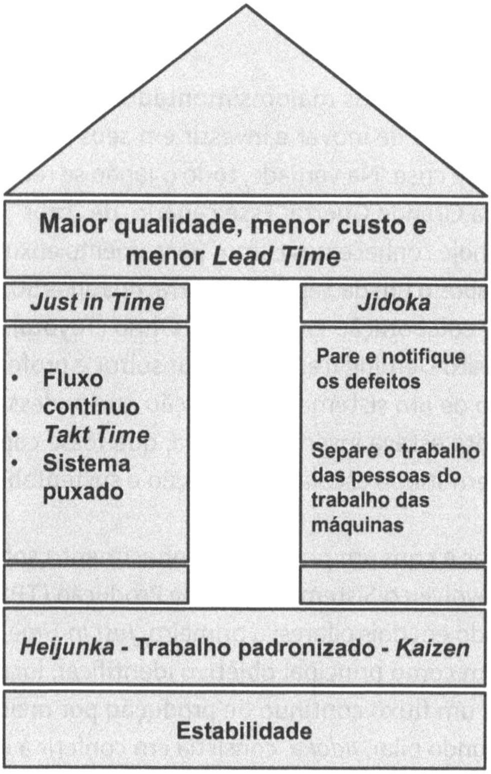

Figura 2.1. Os pilares do *Lean*

Foi nesse contexto de escassez e caos, tanto no país, que se recuperava de uma profunda destruição após a guerra, quanto na Toyota, que buscava se reinventar em um cenário em que o modelo de produção de Ford vinha se consagrando, que a inovação ocorreu.

> **"A inovação não sai de uma situação controlada. Se você quer mais inovação, permita mais caos".**
>
> ***(John Kotter, 2010)***

Uma pergunta que normalmente aparece nessa altura da história é: e como o *Lean* foi se aproximar do universo ágil, no desenvolvimento de software? Essa é uma história bastante interessante!

Vemos a conexão entre o *Lean Manufacturing* e o Ágil em vários pontos. Talvez um dos primeiros pontos venha do momento em que o desenvolvimento de software tenta se organizar para que pudesse funcionar da mesma forma que as fábricas tradicionais trabalhavam. No final da década de 90 isso era tão forte que surgiram as primeiras "fábricas de software". Embora as fábricas tradicionais realmente operem um sistema com restrições conhecidas e, algumas vezes, com nenhuma flexibilidade, elas constantemente deparam com velhos e conhecidos problemas: desperdício e ativos imobilizados em razão do estoque. Na segunda metade do século XX, momento em que o tema qualidade também se torna um ponto crítico na indústria, com o surgimento dos grandes selos de qualidade (ISO e 6 Sigma, por exemplo) e a publicação de alguns artigos que "chacoalharam" bastante o mercado, como o artigo "How to Build Quality", publicado na revista *The Economist* no final da década de 80 (quando a revista estava em seu auge), o assunto ressurge com bastante força. O trabalho realizado com Ohno e Deming foi um grande impulsionador para essa discussão.

Isso coincide com o momento em que a indústria de software encontra o seu "boom!" e começa a se organizar no modelo de fábricas para entregar em "esteiras", termo utilizado até hoje. Esse é o momento em que a conexão se fortalece e os antigos problemas decorrentes da manufatura "empurrada" começam a alcançar as grandes fábricas de software também. Um enorme ativo imobilizado e uma terrível ociosidade enquanto uma equipe de requisitos ficava parada esperando os arquitetos planejarem todas as classes e modelos lógicos até que os desenvolvedores pudessem começar a codificar. Esse modelo se mostrava caro demais. Os lotes ficavam enormes e o fluxo terrivelmente lento, aumentando tanto o *Lead Time* quando o *Cycle Time*.

Os então chamados "métodos leves" para o desenvolvimento de software nascem e começam a ganhar espaço por adotarem os cinco princípios do *Lean Manufacturing* para solucionar os desperdícios, que, por sinal, eram os mesmos. Ao ser reunirem em 2001 para mais uma reunião sobre XP, os 17 "grandes nomes" da indústria de software buscaram trazer princípios que estivessem alinhados aos princípios do *Lean Manufacturing*. Os 12 princípios do Manifesto Ágil, que era para ser "Adaptive", como já falamos anteriormente, nascem com uma forte conexão com *Lean Thinking*, principalmente pela atuação de Mary Poppendieck, que havia trabalhado por muitos anos em uma fábrica e era casada com Tom Poppendieck, um profissional muito influente na indústria de software e que publicou vários livros sobre desenvolvimento de software utilizando o pensamento enxuto.

A vasta experiência de Mary com desenvolvimento de produtos em um sistema fabril na 3M trouxe a ela uma visão prática de como o *Lean* realmente funcionava. Isso, aliado ao profundo conhecimento de ambos (Mary e Tom), "ligou os pontos" sobre como aplicar as práticas ao desenvolvimento de software. O "pensamento enxuto" não era trazido de uma forma segregada, do tipo *Lean* x desenvolvimento de software, ao contrário, *Lean* surgia de forma integrada, como um grande conjunto de ideias que poderiam facilmente se conectar com qualquer abordagem ágil. Esses livros eram a base das discussões sobre XP na época e as pessoas que estavam reunidas lá em Utah em 2001, praticantes de XP, eram grandes seguidoras do trabalho e dos livros do Tom. Aí está uma visão sobre a origem desse *link* e como ele é forte, pelo fato de ter se constituído logo no início, com um forte viés e com problemas muito similares.

3. Cynefin: a solução certa, no contexto errado, é a solução errada

Durante muito tempo as organizações se habituaram a recorrer às melhores práticas para a solução de problemas. As razões se dão, principalmente, em decorrência do forte movimento trazido após a Segunda Revolução Industrial: utilização do sistema de linha de produção nas indústrias. O compartilhamento de boas práticas, em um sistema de produção, pode representar economias vultosas, redução de acidentes, eliminação de retrabalho e de outras diversas formas de desperdício.

A Primeira Revolução Industrial tem origem na Inglaterra, no final do século XVIII, e tem como sua principal marca a transição para novos processos de produção, substituindo o trabalho artesanal por máquinas, ou seja, estabelecendo o primeiro marco de padronização na produção. A Segunda Revolução Industrial iniciou-se na segunda metade do século XIX (algo entre 1850-1870) e terminou durante a Segunda Guerra Mundial (entre 1939 e 1945), trazendo a expansão da indústria além da Inglaterra, em direção a outros países como Estados Unidos, Rússia, Japão, França e Alemanha.

A grande marca da Segunda Revolução Industrial é a automação, a produção em massa e o uso de padrões e melhores práticas. Os novos modelos de produção desencadearam uma reação em série, que exigiu a introdução de uma nova forma de produção, concentrada na redução de custos, de tempo, no aprimoramento da qualidade e nos novos sistemas de produção, influenciados por movimentos de racionalização do trabalho que, mais tarde, ficaram conhecidos como *fordismo* e *taylorismo*. O primeiro buscava o fim da espera, a redução de desperdício e a otimização do trabalho enquanto o segundo trazia consigo a busca pelo padrão e pela repetição, de modo que a capacidade humana de produção pudesse ser otimizada ao máximo patamar possível. O empirismo, experimentação e quaisquer outras práticas que não pudessem ser justificadas com estudos minuciosos deveriam ser eliminadas das organizações. Esse é o cenário das duas primeiras Revoluções Industriais, que moldaram o comportamento das organizações e cuja data coincide com o momento em que as maiores consultorias do mundo recebiam sua "certidão de nascimento": PwC (1915), Ernst & Young (1849), Deloitte (1845) e KPMG (1818). A busca por consultorias que pudessem ajudar as empresas a encontrar respostas para seus problemas de produtividade e eficiência era o "Santo Graal" das organizações e as boas práticas decorrentes do conhecimento acumulado pelas grandes consultorias por terem resolvido muitas vezes o mesmo tipo de problema faziam delas a ponte entre o cenário real e o desejado nas organizações.

Após meados do século XX, um fenômeno diferente começa a se repetir com mais frequência do que as consultorias gostariam: as respostas que antigamente funcionavam em uma empresa e podiam ser replicadas em outra não funcionavam mais da mesma forma. Por algum motivo, a magia das boas práticas parecia não responder mais da mesma forma. Era como se a poção mágica tivesse perdido seu efeito.

No final do século XX, Dave Snowden, então consultor sênior da IBM, desenvolve uma importante pesquisa sobre narrativas dentro das organizações, particularmente em relação à expressão do conhecimento tácito nas empresas. Em 2000, tornou-se diretor do *Institute for Knowledge Management* e dois anos mais tarde fundou o IBM Cynefin *Center for Organizational Complexity*. Durante esse período, ele liderou o time que desenvolveu o Cynefin, uma estrutura (*framework*) para tomada de decisão. A tomada de decisões, até então, baseava-se nas premissas da repetitividade, previsibilidade da simplificação dos ambientes, reduzindo o todo à soma de suas partes e tentando explicar o fenômeno completo a partir da explicação individual de cada peça. Em seu artigo original sobre o Cynefin, Snowden e Boone (2007) retratam essa mudança de forma bastante enfática: "essa suposição (que existe certo nível de previsibilidade e ordem no mundo), fundamentada na ciência newtoniana e na administração científica, encoraja simplificações que são úteis em circunstâncias ordenadas. As circunstâncias mudam, no entanto, e à medida que se tornam mais complexas, as simplificações podem falhar. Boa liderança não é uma proposta única para todos".

O *framework* Cynefin classifica os problemas em cinco contextos definidos pela natureza da relação causal. Quatro dos contextos – óbvio, complicado, complexo e caótico – requerem líderes para diagnosticar situações e, então, agir com a resposta apropriada para o contexto. O quinto domínio, a "não ordem", aplica-se quando não há clareza sobre qual dos outros quatro domínios é predominante. Não ordem deve ser traduzida com cuidado, pois uma interpretação errônea pode aproximá-la do domínio caótico (desordem).

O domínio em que um problema está localizado, segundo o Cynefin, determinará uma sequência de respostas para sua solução, conforme a seguir.

3.1. Domínio óbvio – o domínio das melhores práticas

É caracterizado pela estabilidade e uma clara relação de causa e efeito. As decisões são inquestionáveis e cabe aos líderes e gestores deste contexto: entender, categorizar (conforme uma base ou catálogo de melhores práticas) e responder. Nesse contexto, o efeito será sempre conhecido e previsível, bastando reproduzir um comando e controlar.

3.2. Domínio complicado – o domínio das boas práticas

Este é o domínio dos especialistas: aqui, ao contrário do que ocorre no domínio óbvio, há diversas respostas para uma mesma pergunta. Embora também haja uma clara relação de causa e efeito, ela não é tão óbvia a ponto de qualquer pessoa poder interpretá-la e reagir. Aqui a presença de um especialista é necessária para que este possa fazer uma análise para selecionar, dentre as boas práticas de mercado, qual poderá ser a melhor prática para determinada situação. O líder ou gestor, em um contexto complicado, deve entender, analisar (com as competências de um especialista) e, então, responder.

3.3. Domínio complexo – o domínio das práticas emergentes

Enquanto um contexto complicado apresenta ao menos uma resposta certa, no contexto complexo essa relação de causa-efeito não pode ser estabelecida. Neste domínio, o entendimento necessário para resolvermos um problema não vem do passado, mas do futuro. Enquanto os domínios anteriores estabelecem regras e padrões para tornar o ambiente à prova de falhas, aqui o papel do líder ou gestor será o de criar um ambiente seguro para falhar. Um ambiente para a experimentação e para a busca por um padrão emergente. Um padrão que emergirá da conexão entre as pessoas envolvidas na busca pela resposta. Este é o domínio em que a sequência correta para a solução de um problema é: sondar, entender e responder. É o domínio da experimentação, da elaboração de hipóteses, testes e busca de *feedback* para aprimoramento da solução. A presença do especialista, nesse contexto, não trará a garantia da resposta certa. Snowden e Boone (2007) citam uma cena emblemática do filme "Apolo 13", quando os astronautas encontram uma séria crise na nave e o comandante Jim Lovell, interpretado por Tom Hanks, anuncia: "Houston, nós temos um problema". Três astronautas estavam confinados em um ambiente projetado para apenas dois e o gás carbônico expirado mataria a tripulação em poucas horas. Um grupo de especialistas é colocado em uma sala com uma combinação de diversos materiais e pedaços de plástico que refletiam fielmente os recursos disponíveis para os astronautas a bordo da nave. Líderes dizem à equipe algo como: "isso é tudo o que vocês têm; encontrem uma solução para filtrar o ar ou os astronautas morrerão". A inovação, então, em meio à escassez, mais uma vez, se apresenta. Nesse momento a situação move-se em direção ao caos, em um mergulho raso, pois os especialistas que estavam em terra, em estado de completa imprevisibilidade sobre o que fariam, ficam congelados. Nenhum desses especialistas sabia *a priori* o que funcionaria. Em vez disso, eles tiveram que deixar uma solução emergir a partir dos materiais à mão. E conseguiram. Essa é a transição de uma imersão proposital no caos para o sistema complexo, executando experimentos simultâneos em busca da melhor solução.

3.4. Domínio caótico – o domínio das práticas inéditas

O domínio das respostas rápidas: em um contexto caótico, a busca por padrões, boas práticas e respostas certas é inútil, pois a relação entre causa e efeito é impossível de ser estabelecida. Não há padrões. Ao identificarmos um novo padrão, este mudará. Quando um problema se apresenta no domínio caótico, o líder ou gestor não deve perder tempo na busca por padrões. Deve agir o mais rápido possível para tentar estabilizar a situação dramática, depois entender se a situação, de fato, está sob controle e só então responder adicionando previsibilidade (e reduzindo incertezas) da situação para que ela possa se dirigir para um outro domínio (dinâmicas do Cynefin).

As dinâmicas entre os domínios do Cynefin são definidas pelo criador do *framework*, Dave Snowden, como: "as mudanças entre domínios que são tão ou mais importantes do que os próprios domínios em si" (2015). As dinâmicas podem ocorrer de forma espontânea ou intencional. O caos, por exemplo, é sempre um estágio temporário e transitório.

Imagine a seguinte situação: você está passeando pela rua de seu condomínio, tranquila e calmamente, quando percebe uma árvore se desprendendo do chão e caindo em sua direção. O que acontecia de forma previsível e corriqueira (sistema ordenado), torna-se totalmente imprevisível (sistema caótico). O efeito do caos é temporário, pois, logo após alguns segundos, já com a árvore no chão, a ordem retorna de acordo com a situação resultante da queda, pois esse evento pode desencadear outros eventos caóticos, complexos ou ordenados. Em nosso exemplo, nada de mais grave ocorreu e basta chamar os bombeiros pra desobstruir a rua: melhor prática, ou seja, sistema ordenado e domínio óbvio. Na figura a seguir demonstramos o *framework* Cynefin e suas características.

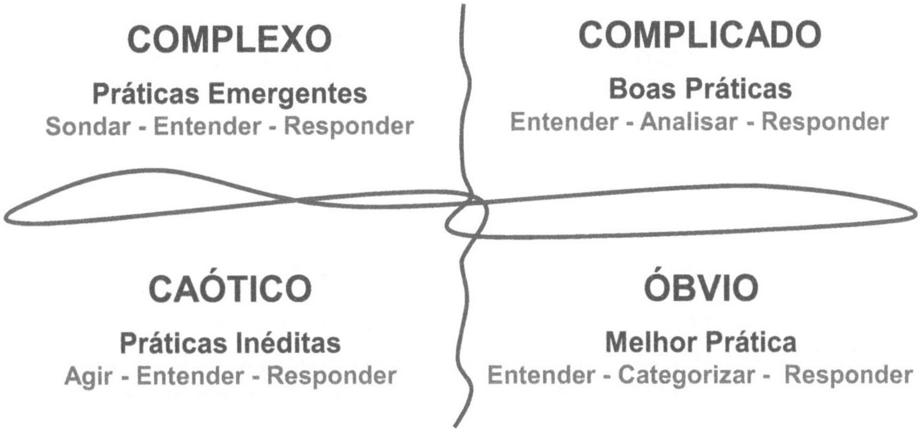

Figura 3.1. *Framework* Cynefin

4. Mitos sobre o Ágil

4.1. Ágil é novidade

Este é um mito bastante comum e que facilmente convence as pessoas sobre a necessidade de adotar uma forma inovadora de trabalhar. O fato é que, quando falamos de Ágil, a história não começa nos dias de hoje, mas nos início dos anos 40, com a criação do *Toyota Production System*, passando pela utilização de uma abordagem com entrega iterativa e incremental no desenvolvimento do jato hipersônico X15 pela USAF e NASA entre as décadas de 50 e 60, pela criação do *Extreme Programming* (**XP**) por Kent Beck em 1996, do *Scrum* em 1999 e culminando com a publicação do Manifesto Ágil para o desenvolvimento de software em 2001. Na figura a seguir apresentamos os principais marcos da história do Ágil. Nota: limitamo-nos a apresentar aqui os marcos principais até 2001 porque as metodologias e *frameworks* ágeis que surgiram após essa data são inspirados nesses fundamentos. É muito provável que novas abordagens ágeis sigam sendo criadas.

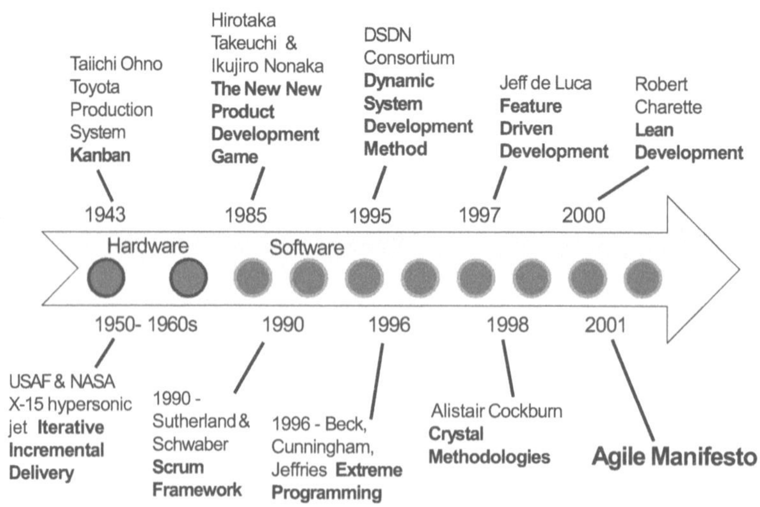

Figura 4.1. Marcos da história do Ágil

4.2. Ágil não possui documentação

A origem deste mito talvez tenha sido a conjunção de dois fatores:

- ✓ A decepção que a utilização equivocada do *Rational Unified Process* (RUP) – processo de Engenharia de software criado pela Rational Software Corporation, posteriormente adquirida pela IBM – causou em diversas organizações, que apostaram no reforço da criação de artefatos e documentação pesada para diminuir os problemas decorrentes da baixa qualidade na entrega de software.
- ✓ Uma confusão semântica (intencional ou não) com o segundo valor do Manifesto Ágil: "software em funcionamento mais que documentação abrangente". Esse valor, quando mal interpretado, pode ser catastrófico, pois eliminará a documentação dos produtos construídos nas organizações em nome da agilidade e isso não encontra respaldo em absolutamente nenhuma literatura ou artigo escrito pelos autores do manifesto, ao contrário, a documentação possui um enorme valor para os times.

As principais questões são: quando documentar e quanto documentar. A documentação de versões do produto anteriores à validação pelo usuário pode ser um tremendo desperdício. Se o *feedback* é a ferramenta mais importante para atestar o valor do incremento de produto, por que não aguardar que essa validação ocorra para, então, documentar a funcionalidade em sua última versão? De que nível de documentação precisamos para desenvolver e o que podemos reduzir para tornar o processo mais leve? Estamos documentando o produto para facilitar a manutenção no futuro ou estamos utilizando a documentação para nos comunicarmos uns com os outros? Se estamos utilizando a documentação para registrar o que foi dito ou para nos respaldarmos de um futuro conflito entre o que o usuário realmente pediu e o que ele disse que pediu, será que nosso problema é falta de documentação ou falta de confiança?

A cultura organizacional pode ser uma barreira importante, que vai muito além de qualquer *framework* ou método. Isso nos faz lembrar um trecho do livro "Software in 30 days", escrito por Ken Schwaber e Jeff Sutherland (2012): "não tente mudar ou adaptar *Scrum*. *Scrum* não é uma abordagem ou processo que pode ser modificado para se adequar à cultura organizacional existente; a cultura deve mudar para habilitar o *Scrum*. O *Scrum* expõe todas as disfunções culturais que impedem o desenvolvimento de software da maneira descrita neste livro. Para uma organização, o *Scrum* é o 'canário da mina de carvão'. Se o *Scrum* não for usado como pretendido para criar um desenvolvimento ágil e transparente, os problemas permanecerão invisíveis e continuarão prejudicando a empresa. Como tal, um benefício primário do *Scrum* é perdido".

4.3. Ágil não requer planejamento

Planejamento é essencial, e em uma abordagem ágil isso não é diferente. A pergunta-chave não é se vamos planejar, mas, sim, quanto vamos planejar. Executar mais do que o necessário é um desperdício tão grande quanto planejar mais do que o necessário. Em um contexto de alta complexidade, o caminho é construído à medida que caminhamos, e, por isso, o planejamento exaustivo resultará em uma falsa sensação de segurança, baseada em estimativas inerentes a ambientes estáveis, característicos de contextos preditivos, nos sistemas ordenados.

O ágil trabalha com o conceito de planejamento em camadas, também conhecido como *Planning Onion*. Cada nível de planejamento é realizado na medida certa. Observando os diversos níveis da *Planning Onion*, percebe-se que o planejamento em uma abordagem ágil é ainda mais intenso do que em uma abordagem preditiva, pois é uma atividade constante, executada a todo o momento e não apenas no início do projeto.

4.3.1. Camada externa: produto ou projeto

Esta é uma camada derivada do portfólio, é aqui que "o produto certo" ou "o projeto certo" é planejado. Utilizamos a palavra "certo" porque as escolhas estratégicas foram realizadas anteriormente a esse momento. Quer dizer que a "cebola" tem mais camadas, então? A resposta é sim: quantas camadas você (ou sua empresa) entenderem que seja necessário para um plano que reflita a estratégia da corporação.

Antes da camada de produto, por exemplo, poderíamos ter uma camada de portfólio, contendo todos os projetos que compõem a escolha estratégica da organização e uma anterior, estratégica, que contenha, por exemplo, todos os objetivos estratégicos selecionados para a empresa.

Retornando para a dimensão "produto ou projeto", esse é o momento do *Business Case*, com o estudo de viabilidade econômico-financeira. É uma prática muito recomendada construir a declaração de visão do produto! A visão do produto é uma meta abrangente que orienta as pessoas. É a "razão de existir do produto". A visão ajuda a responder perguntas iniciais como: consumidor-alvo do produto, necessidades do produto, atributos críticos, comparação com os produtos existentes, receita esperada, viabilidade do produto. A visão é o ponto de partida para o desenvolvimento de um roteiro de produtos que servirá de base para a criação do *Product Backlog*.

Como exemplos da visão de um produto podemos citar:

- ✓ Internalizar o processamento de 100% dos jogos de loterias em 21 meses.
- ✓ Permitir que a análise do processo de crédito imobiliário seja feita sem papel.
- ✓ Desenvolver um modelo de serviços compartilhados para as áreas de *back office*, que traga produtividade, redução de custos e assegure a conformidade com as melhores práticas de gestão.

4.3.2. Terceira camada: *Release* ou lançamento

O principal objetivo de uma *Release* (também conhecida como liberação ou lançamento) é encurtar os ciclos de *feedback*, afinal, em um modelo de desenvolvimento iterativo e incremental fundamentado nos processos empíricos, o valor de um produto só poderá ser atestado quando esse produto for disponibilizado para que os usuários possam, de fato, utilizá-lo e com isso fornecerem o *feedback* necessário para que a equipe possa aprender e, só então, planejar as próximas entregas. Eric Ries, autor do *best seller* "The Lean Startup", define esse conceito como "aprendizagem validada".

Todo novo projeto/produto/serviço começa com uma hipótese definida por alguém, seja essa pessoa um patrocinador, gestor de produtos ou fundador de uma *startup*/ empresa. O ponto principal nesse momento é: essa pessoa acredita no sucesso do produto, mesmo sem ter provas de que ele vai funcionar ou que o cliente irá comprá-lo. Esse viés pode se materializar em ciclos longos de desenvolvimento, que caracterizam projetos desenvolvidos com abordagens lineares, até que o produto (muitos meses depois) chegue às mãos de quem realmente o utilizará para que, eventualmente, cheguemos à conclusão de que trabalhamos da melhor forma possível no produto errado (parafraseando Peter Drucker). Para reduzirmos a influência de nosso viés na tomada de decisão sobre a viabilidade de um produto ou projeto, precisamos formular e testar duas premissas:

- ✓ **Hipótese de valor:** o produto vai proporcionar valor para o mercado em que será disponibilizado, para os clientes e usuários.
- ✓ **Hipótese de crescimento:** o produto não está restrito aos primeiros adeptos (*early adopters*), pois também há um mercado potencial (*mainstream*) além dos primeiros.

Na figura a seguir apresentamos um gráfico de difusão de inovações com os perfis dos usuários de acordo com o ciclo de vida do produto.

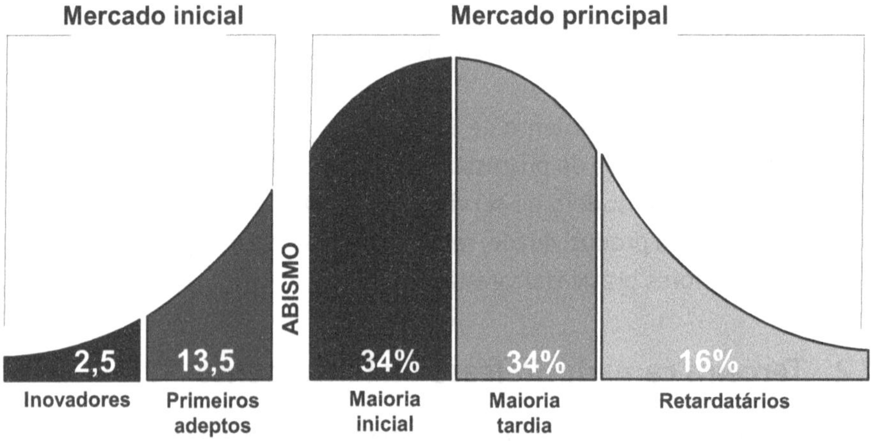

Figura 4.2. Gráfico de difusão da inovação
(Fonte: adaptado de ROGERS, 2003)

Steven Blank – um renomado autor, acadêmico e empreendedor do Vale do Silício, reconhecido pela criação da metodologia *Customer Development*, base para o movimento "Startup Enxuta" – apresenta em seu livro "The Four Steps To The Epiphany" (2013) o conceito de **MVP**: *Minimum Viable Product*. O conceito de Produto Mínimo Viável significa que, para testar uma hipótese sobre o produto e sua adoção pelo mercado, não é necessário o produto inteiro, mas, sim, buscar o mínimo necessário para validar se esse produto atende à necessidade de um tipo específico de cliente (os primeiros adeptos). Esse importante grupo, além de utilizar o produto, será o grande responsável por retroalimentar as decisões com base em ciclos curtos de *feedback*, obtidos a cada entrega desse produto ao "Mercado Inicial", que acontece por meio das *Releases*.

4.3.3. Segunda camada: iteração ou *Sprint*

Uma bolha de previsibilidade em um oceano de complexidade. É assim que definimos uma iteração executada em uma abordagem ágil de desenvolvimento. Porque já estamos bem próximos ao "miolo da cebola", é importantíssimo não nos deixarmos seduzir pelo "canto da sereia do escopo". A essa altura é muito comum esquecermos o caminho que nos trouxe até aqui. Ciclos ágeis de desenvolvimento são orientados por um "objetivo da iteração ou da *Sprint*", que deve ser derivado da hipótese a ser validada na *Release*, que por sua vez foi estabelecida com base na visão do produto ou projeto (nesse caso, o *Business Case* é o documento que contém essa informação). O sucesso de uma iteração está totalmente relacionado ao nível de clareza que os membros da equipe do projeto possuem sobre a visão. As iterações permitem que a equipe explore, passo a passo, a visão do produto/projeto com mais detalhes e faça ajustes à medida que o desenvolvimento avança. Além disso, são orientadas ao aprendizado, por isso a estrutura de uma iteração conterá ao final do ciclo um ou mais momentos de inspeção e adaptação (ciclo completo de *feedback*). O sucesso no desenvolvimento dependerá desse ciclo contínuo de aprendizado sobre o produto.

É uma prática recorrente estabelecer uma duração fixa para as iterações. Essa restrição fornece foco, que serve de contraponto para a ambiguidade, volatilidade e incerteza de um ambiente complexo. Esse foco em construir uma parte, também chamada de incremento do produto, e disponibilizá-la para que o cliente/usuário possa inspecionar, interagir e utilizar o produto em intervalos curtos, de poucas semanas a poucos meses, oferece um importante incentivo para que a equipe concentre suas energias nas atividades mais relevantes. Na figura a seguir apresentamos a sequência de entregas produzidas pelo projeto desde o incremento até a visão do produto ou projeto.

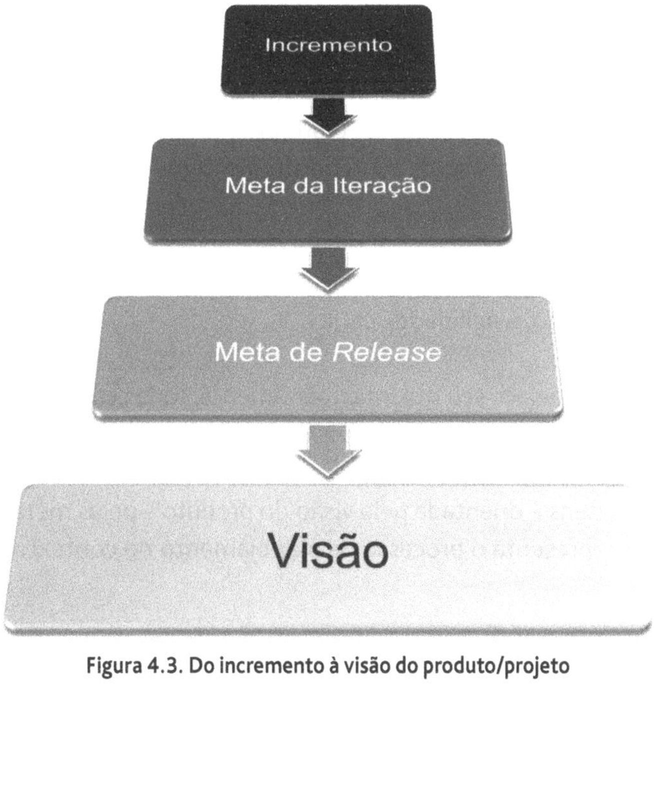

Figura 4.3. Do incremento à visão do produto/projeto

4.3.4. Camada central (miolo): item de *Backlog*

Este é o último nível, central, em que estão presentes as informações sobre "o que precisamos fazer". No caso de uma abordagem ágil, entendemos esse item como uma unidade de entrega pequena o suficiente para que seja desenvolvida e concluída por uma equipe durante uma iteração. Essa é a definição para um item de *Backlog*.

Cada item, normalmente, é criado a partir de uma lista priorizada que contém requisitos de negócios, técnicos, funcionais e não funcionais. Essa lista é conhecida como o *Backlog* do Produto.

O *Backlog* é um produto "vivo", em constante refinamento e deve ser DEEP:

- ✓ **D**etalhado no nível adequado.
- ✓ **E**mergente – evolui com o tempo.
- ✓ **E**stimado no nível apropriado.
- ✓ **P**riorizado.

As palavras "adequado" e "apropriado" reforçam que o excesso de planejamento é considerado um tremendo desperdício, pois, em ambientes complexos, cada interação entre os agentes e o sistema modificará o sistema, exigindo uma adaptação dos agentes à nova configuração. Conforme o projeto progride e os usuários têm acesso ao produto, novos requisitos surgirão, requisitos antigos deixarão de existir e, com isso, o *Backlog* se renovará.

Começar com um *Backlog* de produto extenso e complexo dificulta a auto-organização e a adaptação, portanto, a agilidade.

Cada abordagem estabelece seu rito, mas, geralmente, todas contam com um evento em que os itens de *Backlog* sejam "puxados" para a construção em uma iteração. Por ser uma lista priorizada (e respeitando as camadas anteriores da *Planning Onion*), a ordenação desses itens é orientada pela visão do produto e pelas metas das *Releases*. A figura a seguir representa o processo de planejamento no contexto ágil.

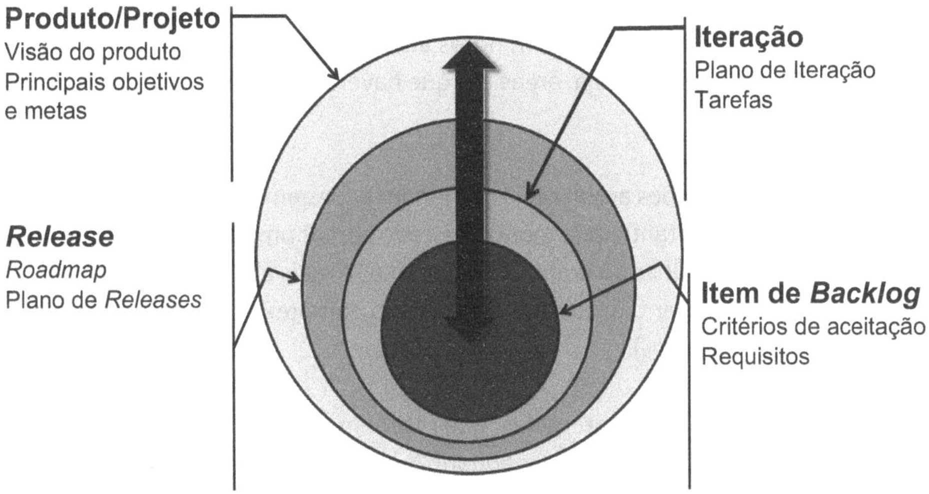

Figura 4.4. Planejamento no contexto ágil (*Planning Onion*)
Fonte: Derek Huether

4.4. Ágil é a solução para todos os problemas em projetos

Uma abordagem ágil trará grandes benefícios para problemas complexos, quando não temos conhecimento de todas as variáveis que compõem o ambiente, quando as relações de causa e efeito não são totalmente claras e, então, a solução emergirá ao longo do caminho, requerendo soluções emergentes e adaptação (adaptativo, lembra?). Conhecemos o problema, mas não conhecemos a solução ainda. Ela será construída à medida que possamos utilizá-la, testá-la, manipulá-la, pois só assim teremos condições de saber o próximo passo a seguir. É a arte de aprender fazendo e de fazer aprendendo. Uma abordagem ágil não corrigirá problema de gestão, de qualidade, de engenharia de software, de clima organizacional ou de motivação e engajamento. Esses problemas precisam ser corrigidos antes, e só então poderemos esperar uma boa fluência das abordagens ágeis em uma organização.

Há uma ferramenta criada pelo método britânico de gerenciamento de projetos PRINCE2® Agile chamada *Agilometer* ("Agilômetro"), que traz uma visão bastante interessante sobre a análise do ambiente em que o projeto é executado. O objetivo do *Agilometer* é avaliar o ambiente do projeto (ou do produto em desenvolvimento), por meio da análise de seis áreas principais ou categorias. Cada categoria é representada na figura por indicador, com uma escala variando entre 1 (baixa incidência da categoria analisada no projeto) a 5 (alta incidência da categoria analisada no projeto). O *Agilometer* não representa uma avaliação binária sobre usar ou não o Ágil, mas, sim, uma fotografia que revelará áreas de risco com o uso dessa abordagem. Da mesma forma, uma avaliação com notas altas nas categorias também mostrará uma fotografia diferente, ou seja, áreas em que haverá benefícios com o uso de uma abordagem ágil.

É possível que as condições ambientais requeiram ações em muitas áreas do projeto ou da organização e, portanto, seja muito arriscado adotar uma abordagem ágil. Nesse caso, se o risco de trabalhar no domínio "complexo" é mais alto do que os benefícios, o ideal será tentar mover o problema do domínio complexo para o complicado ou óbvio (sistemas ordenados).

O *Agilometer* considera seis categorias, que recebem uma avaliação de 1 a 5, sendo o nível 5 considerado "totalmente adequado" e 1 "totalmente inadequado". Essa é uma ferramenta de "sondagem", por isso recomenda-se que seja utilizada ao longo de todo o ciclo de vida do projeto, em momentos específicos, conforme a equipe entenda que seja necessária uma nova avaliação.

As categorias representadas no *Agilometer* são:

- ✓ **Flexibilidade no que é entregue.** Esta categoria busca verificar se os principais *stakeholders* envolvidos se sentem confortáveis com o fato de que, em um ambiente de alta complexidade, a mudança de escopo é inevitável e necessária para alcançarmos um produto preciso. Entendem que não sabem exatamente o que deve ser feito e, portanto, precisarão testar um incremento de produto para que possam ter maior clareza sobre a próxima etapa.
- ✓ **Nível de colaboração.** Confiança e colaboração são fundamentais para um ambiente em que o aprendizado obtido por meio de *feedbacks* é necessário para o desenvolvimento do projeto ou produto. A criação de uma identidade de equipe, remoção de silos, atenção aos indicadores que estimulem comportamentos de subotimização e o cuidado para que não seja criada uma cultura de culpa (por exemplo, "cc: email") são fatores de grande relevância para a avaliação desta categoria.
- ✓ **Facilidade de comunicação.** Um ambiente que aprimore a comunicação entre os integrantes de uma equipe pode fazer toda a diferença para o sucesso de um projeto complexo. Este critério busca verificar se a comunicação ocorre de forma fluida entre a equipe e com os *stakeholders*. A interação "cara a cara" é priorizada e o uso de recursos como irradiadores (ou radiadores, as duas formas são utilizadas) de informação, que mantenham as informações visíveis e disponíveis a todos a qualquer momento (transparência).

- ✓ **Capacidade de trabalhar de forma iterativa e entregar incrementalmente.** Em ambientes de alta complexidade, o valor de uma entrega só poderá ser aferido no momento em que o usuário tiver acesso ao incremento de produto e puder realmente utilizá-lo. É nesse momento que os benefícios estimados no planejamento daquelas funcionalidades poderão ser postos à prova. A pergunta a ser respondida é: "estávamos realmente trabalhando no produto certo?". Esse é o momento de experimentar, explorar, falhar e corrigir rapidamente. Aprendizagem e validação são vistas como um processo contínuo e necessário para que, por meio de ciclos curtos de *feedback*, a equipe saiba qual deverá ser o próximo passo, afinal "não há nada tão inútil quanto fazer eficientemente o que não deveria ser feito" (Peter Drucker).
- ✓ **Condições ambientais favoráveis.** Como veremos mais à frente, o ambiente possui uma importantíssima influência no comportamento das pessoas e, por essa razão, deve estar preparado para oferecer à equipe as condições necessárias para que possam desempenhar seu trabalho com eficiência, foco e dedicação. É recomendado que a equipe seja designada em período integral ao trabalho que estão executando, sem a ocorrência do efeito "multitarefa". O pessoal deve possuir as habilidades necessárias para realizar seu trabalho com qualidade e segurança contando também com os recursos e ferramentas necessários para isso. Questões comerciais e contratuais também não devem interferir na maneira ágil de trabalhar e entregar.
- ✓ **Aceitação da abordagem ágil.** Costuma-se ver com frequência definições como "fácil de entender e difícil de aplicar" para *frameworks* e métodos ágeis. Entendemos que essa definição esteja totalmente alinhada com o processo de gestão de mudanças! As pessoas realmente entenderam a razão de adotar uma nova abordagem e desejam fazer a mudança? Se todos os *stakeholders* envolvidos não estiverem plenamente cientes dos comportamentos, técnicas e conceitos necessários para uma cultura ágil, certamente haverá problemas. A "vontade" de mudar é muito importante, mas também não é suficiente para a mudança! São necessários treinamento, disciplina e experiência em ambientes que fazem uso de uma abordagem ágil. Um ambiente descontraído e fora do padrão sempre é interessante e desperta a curiosidade das pessoas, mas, se os *stakeholders* não tiverem clareza dos benefícios decorrentes da utilização de uma abordagem ágil, não haverá sustentação para a mudança quando as dificuldades decorrentes da transição entre o estado atual e o estado futuro começarem a aparecer.

4.5. Ágil não precisa comprovar benefícios

Sim, um projeto conduzido sob uma abordagem ágil ocorre em um ambiente volátil e em um contexto de complexidade, mas sob hipótese alguma isso representa dizer que o produto ou serviço a ser desenvolvido não precise comprovar seus benefícios frequentemente. Todo projeto deve ser justificado por um *Business Case*, e projetos que utilizam uma abordagem ágil não são diferentes. Uma abordagem ágil diz respeito a "como faremos" e não "por que faremos". O *Business Case* é um instrumento para tomar decisões e estabelecer uma forma de avaliar a viabilidade do projeto ao longo do tempo. Ele representa a razão pela qual o investimento a ser realizado se justifica e como mediremos os benefícios ao longo ou após a entrega dos produtos ou serviços gerados pelo projeto. Iniciar um projeto, independentemente da abordagem escolhida para tal, sem ter clareza dos benefícios almejados, nos coloca em um terreno em que facilmente poderemos nos dedicar a fazer da melhor forma possível a coisa errada.

4.6. Ágil só se aplica a projetos de pequeno porte

Trata-se de um mito bastante difundido, erroneamente, por várias interpretações sobre abordagens ágeis, algumas delas equivocadas:

- ✓ **As equipes são pequenas:** de fato, mas não é necessário haver apenas uma equipe no projeto. Escalar por meio de diversas equipes trabalhando no mesmo produto é uma opção para trabalhos maiores, que requeiram muitas pessoas com diferentes habilidades.
- ✓ **As iterações são de, no máximo, trinta dias, e isso não é tempo suficiente para executar um grande projeto:** a mesma regra dos times se aplica aqui. Podemos ter dezenas de iterações até a entrega final do projeto. A divisão de estágios (ou *stage gates*) em projetos é algo também muito utilizado em abordagens preditivas e nunca foi um problema para projetos grandes, ao contrário, fortalece a governança e a justificativa contínua para o negócio por meio de uma análise frequente do planejado *versus* executado. Com relação à limitação para a duração de uma iteração em trinta dias, isso não é uma regra para o ágil, mas algo utilizado para o *framework Scrum*. O Manifesto Ágil não determina um prazo para as iterações, apenas alerta com relação à extensão do ciclo: "entregar software funcionando com frequência, na escala de semanas até meses, com preferência aos períodos mais curtos". Ou seja, um ciclo de dois ou três meses entre as entregas, ainda que não seja de apenas trinta dias, está totalmente aderente aos princípios do Manifesto Ágil.

✓ **Ágil serve apenas para projetos de TI:** este item, por si só, já valeria um mito apenas para ele! Como vimos, o Manifesto Ágil realmente teve sua origem em um contexto de desenvolvimento de software, mas suas aplicações têm sido incorporadas a diversas indústrias em diversos setores do mercado. Acreditamos que a origem de muitos *frameworks* e métodos, aliada a uma necessidade da indústria de software (como *Scrum* e XP), tenham contribuído muito para esse pensamento equivocado sobre a limitação da utilização de uma abordagem ágil apenas para o desenvolvimento de software. PRINCE2® Agile, por exemplo, é um método ágil robusto para gerenciamento de projetos que não estabelece qualquer limitação quanto ao tipo de produto ou serviço a ser desenvolvido.

4.7. Ágil é exclusivo para desenvolvimento de produtos

O próprio entendimento sobre "produto" pode atrapalhar bastante a compreensão a respeito desse item. Nesse caso, para eliminar qualquer entendimento equivocado, gostamos muito de trazer a definição usada por administração e marketing. Produto é: "um conjunto de atributos, tangíveis ou intangíveis, constituído através do processo de produção, para atendimento de necessidades reais ou simbólicas, e que pode ser negociado no mercado, mediante um determinado valor de troca, quando então se converte em mercadoria". Veja só como esse significado expande bastante o significado da palavra! Ainda avançando sobre o significado da palavra, segundo o *PMBOK® Guide* 6ª Edição: "projeto é um esforço temporário empreendido para criar um produto, serviço ou resultado único". Seja para projetos ou para produtos, que também podem ser criados por meio de projetos, as abordagens ágeis poderão ser utilizadas sem que isso as limite.

5. Verdades sobre o Ágil

5.1. Ágil é centrado em pessoas

As referências são vastas e não é preciso ir muito longe para encontrarmos a primeira no Manifesto Ágil: "pessoas e interações são mais importantes do que processos e ferramentas". Falaremos mais sobre os valores e princípios do Manifesto Ágil em seguida, mas, concentrando nossa atenção apenas nesse valor, fica clara a importância atribuída às pessoas nesse processo. Na segunda edição de "Extreme Programming: Embrace Change" (2004), Kent Beck, um dos autores do Manifesto, alterou seu trabalho original adicionando uma nova introdução: "Ágil é sobre mudança social". Podemos ir ainda mais longe, de volta ao *Toyota Production System*, no berço do *Lean*, e verificaríamos ainda que a manufatura enxuta substituía a linha de montagem tradicional (modelo fordista), oferecendo ganhos humanos e para a comunidade (sociedade) de forma muito representativa.

Mas por que as pessoas são tão importantes nesse processo? Sob o ponto de vista científico, a resposta pode estar, novamente, na teoria da complexidade e em sistemas complexos: "sistemas complexos adaptativos são organizações em rede formadas por inúmeros agentes, os quais são elementos ativos e autônomos, cujo comportamento é determinado por um conjunto de regras e pelas informações a respeito do seu desempenho e das condições do ambiente imediato. Estes agentes aprendem e adaptam seus comportamentos a partir das pressões de seleção presentes. O comportamento global do sistema emerge, então, como efeito da combinação das interações não lineares entre os diversos componentes" (AGOSTINHO, 2003, p. 7).

Jurgen Appelo, em seu livro "Management 3.0" (2011), também compara as pessoas de um time a agentes de um sistema adaptativo complexo. Considerando a necessidade de autonomia dos agentes (pessoas) dentro de limites estabelecidos (conjunto de regras), para que possam adaptar seu comportamento com base em *feedback* (informações a respeito do seu desempenho), fica evidente a razão de um processo centrado nas pessoas que compõem uma equipe. Em um ambiente complexo, em um contexto de mudanças por meio de projetos, as respostas emergem a partir de uma equipe que se auto-organiza.

5.2. Ágil possui valores e princípios sólidos

Sim, desde seu início, lá em 2001, quando o Manifesto Ágil foi criado. Já falamos sobre isso anteriormente, mas agora vamos detalhar um pouco mais os valores, pois eles constroem as bases para os 12 princípios, que já foram listados no Capítulo 1.

Indivíduos e interações mais que processos e ferramentas
O primeiro dos valores definidos para o Manifesto Ágil fala sobre a importância de valorizar as pessoas e interações. Sistemas adaptativos complexos não possuem um controle central, pois isso exterminaria qualquer possibilidade de rápida adaptação às mudanças do ambiente, ou seja, adaptabilidade, e, consequentemente, agilidade em sua essência. Devemos "tratar a complexidade com complexidade", como já disse Jurgen Appelo em seu livro "Management 3.0" (2011). Se temos um projeto conduzido primariamente pelo processo ou pelas ferramentas, a equipe terá sensivelmente menor habilidade para responder às mudanças.

Software em funcionamento mais que documentação abrangente
Esse, talvez, seja o valor mais erroneamente compreendido entre os quatro. O segundo valor está muito longe de nos orientar a abrirmos mão de documentação ou de ativos organizacionais como o conhecimento. Absolutamente! O ponto é: quando e o que documentar. Se estamos em um processo empírico, em que as soluções emergirão a partir das entregas, o longo processo de levantamento de requisitos de negócio, técnicos, especificações, prospectos, planos de testes, documentos de design, descrições de interface (poderíamos citar muitos outros) anteriores ao desenvolvimento pode representar muito tempo e dinheiro documentando uma versão do produto que será descartada logo após o primeiro ciclo de *feedbacks*. Abordagens ágeis dinamizam a documentação, não a eliminam. Dessa forma, oferecem aos desenvolvedores o que é necessário para que possam construir o produto sem que precisem dedicar seu tempo às minúcias e burocracias adicionais.

Colaboração com o cliente mais que negociação de contratos
Contratos são fundamentais para a sobrevivência de uma empresa, independentemente da forma como ela resolva desenvolver seus projetos (ágil ou linear). O ponto trazido à discussão nesse valor é se partimos de um comum entendimento de que

mudanças são necessárias para a adaptação e que, no contexto em que o ágil ocorre, a adaptação é o requisito fundamental para que a solução ideal possa emergir. A forma antiga de estabelecer contratos, em que os clientes e um gerente de produto construíam os requisitos detalhadamente antes de começar qualquer trabalho, não funcionará em uma abordagem ágil. Repensar os contratos como instrumentos de restrições e limites em vez de instrumentos de profundo detalhamento técnico sobre a solução que será desenvolvida possibilitará ao desenvolvimento atender melhor às necessidades do cliente.

Responder a mudanças mais que seguir um plano

Quando falamos de mudanças aqui estamos falando de mudanças de escopo e requisitos do produto em desenvolvimento. Mudanças no Ágil ganham uma nova conotação. Deixam de ser uma falha de planejamento para ser um recurso legítimo e necessário para determinar o que deve ser feito em seguida. Costumo dizer que a grande diferença entre modelos ágeis e lineares não está em "como fazer", mas em "como saber o que fazer em seguida". Se *Agile = Adaptive*, o processo de adaptação requer mudanças constantes dentro de um ambiente com restrições fortalecidas para evitar que a complexidade se torne caos acidental e, consequentemente, catástrofe. Abraçar a mudança significa muito mais do que simplesmente tolerá-la, significa apoiar-se sobre ela para desenvolver o produto certo, na hora certa, com a qualidade exigida e trazendo benefícios aos clientes e usuários. A figura a seguir representa de forma gráfica os valores definidos no Manifesto Ágil.

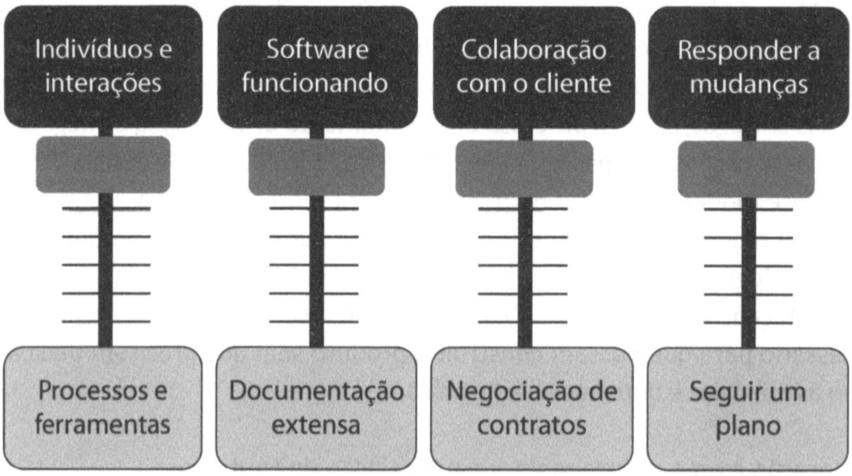

Figura 5.1. Valores do Manifesto Ágil

5.3. Ágil requer colaboração e auto-organização

Sistemas adaptativos complexos (**SAC**) não possuem um controle central. O controle central de um **SAC** não funcionará porque o nó central de uma rede não pode conter todas as informações necessárias para tomar boas decisões em todos os lugares, requerendo que a própria rede se adapte dentro das restrições do sistema. Equipes colaborativas precisam de restrições justamente para conservá-las em um ambiente complexo e não no caos. Em **SACs**, os agentes e o sistema se adaptam continuamente, pois a cada intervenção o sistema se modifica. Um excelente exemplo disso é o mercado de capitais. A cada ação comprada/vendida, o mercado se reorganiza, requerendo uma reorganização de todos os agentes. Não há um controle central dizendo quais ações devem ser vendidas e quais devem ser compradas para equilibrar o mercado. Os próprios agentes fazem isso considerando as restrições, que determinam os limites em que o sistema poderá se adaptar. Essa alta capacidade de adaptação confere ao sistema um alto grau de resiliência diante das intervenções e oscilações.

Dentre as outras propriedades de um **SAC**, destacam-se também: comunicação e cooperação, ocorrendo em absolutamente todos os níveis, desde os agentes até o nível do próprio sistema. Mas o que isso tem a ver com equipes? Se estamos em um contexto de alta complexidade, ou seja, em um sistema complexo, o ambiente deve estar coerente com o sistema. "Uma equipe é um sistema adaptativo complexo (**SAC**), porque consiste de partes (pessoas) que formam um sistema (equipe), e o sistema apresenta comportamento complexo ao passo que se adapta às mudanças do ambiente" (APPELO, 2011).

5.4. Ágil é adaptação, e isso requer profundo conhecimento técnico

Keith Johnson, da AllMusic, descreve *free jazz* como um gênero moderno criativo, no qual os músicos podem incorporar a reprodução livre em modos estruturados – ou tocar praticamente qualquer coisa. Um grupo de músicos sobe no palco para tocar uma música. Que música? Não fazem a menor ideia. Na verdade, ninguém faz! Tanto os músicos quanto a plateia estão abertos a um produto emergente, que nascerá ali a partir da habilidade daqueles excelentes músicos em se adaptar às mudanças, desafiados sempre a oferecer o mais profundo requinte de suas habilidades técnicas. Eles erram? Sim! E muito! Erram em uma frequência tão grande que à série intensa de erros e correções baseadas em ciclos curtos de *feedback* que cada músico recebe, rápida e frequentemente, dá-se o nome de: jazz! O jazz só acontece porque o tempo de resposta a um erro é tão curto, mas tão curto, que a música permanece viva! Não é à toa que os músicos de *free jazz* são reconhecidos por sua exímia destreza técnica. Um músico inexperiente levaria tantos segundos até decifrar a próxima nota que a música "morreria" antes de nascer. Músicos de *free jazz* são, por definição, extremamente virtuosos e experientes, por exemplo. Para que a inovação aconteça, o conhecimento técnico profundo, sofisticado e especializado é fundamental; no entanto, para se tocar *free jazz*, é preciso também estar disposto(a) a subir no palco e errar. O que determina esse comportamento?

A teoria de campo, proposta por Kurt Lewin, renomado psicólogo alemão, determina, de forma muito simplificada, que o comportamento humano pode ser representado pela equação: C = f (P,E), onde o Comportamento (C) é a função (f) da relação e interação entre a pessoa (P) e seu meio ambiente (E). A teoria de campo, publicada por Lewin, explica por que uma mesma situação ou um mesmo objeto pode ser interpretado de formas distintas por indivíduos diferentes. A teoria de campo conclui que as variáveis e os fatores ambientais são os responsáveis pelas diferentes reações ao mesmo tipo de estímulo. A influência dessas forças sobre cada pessoa dependeria das necessidades, atitudes, sentimentos e expectativas individuais (LEWIN, 1939).

Esse é o contexto da adaptação e das soluções que emergem em um ambiente preparado para que isso ocorra, mas também em uma terra nutrida e fértil. Com abordagens ágeis não é diferente. Equipes multidisciplinares, com profundo conhecimento técnico, trabalham em um ambiente seguro para falhar, onde podem oferecer o melhor de seu conhecimento para criar soluções a partir de ciclos curtos de *feedback*, nos quais recebem as informações necessárias para que possam executar seu próximo movimento.

6. Desafios para a implantação do Ágil

Quando Gino Terentim escreveu o artigo "O Fim da Estratégia: uma tragédia em três atos", publicado na revista MundoPM em 2018 e adaptado para a edição deste livro, trouxe à tona uma das pautas que mais se fazia presente nas discussões sobre transformação ágil, transformação digital ou inovação: quais as principais barreiras para o sucesso?

Ao longo dos últimos anos, muitas organizações têm explorado esses temas, buscando alcançar o que imaginam ser o estágio ideal de "digitalização" e a melhor forma de integrar esse processo à estratégia corporativa. Embora o mesmo conjunto de dúvidas e ansiedades alcance diversas organizações de diferentes setores da economia, talvez realmente não haja uma receita, método ou boa prática para assegurar o sucesso de criar uma "organização ágil". No entanto, alguns padrões se fazem notar, não nas organizações que apresentam um enorme sucesso em suas estratégias, mas nas outras, naquelas onde a estratégia decretou prematuramente seu fim.

Durante a transição, no processo de mudança organizacional para uma "organização ágil", destacam-se três principais pontos que, quando negligenciados, muito provavelmente trarão problemas importantes e por vezes cabais para seu insucesso. São eles: a cultura organizacional, a complexidade e os indicadores e métricas de desempenho. Detalharemos cada um deles apresentando a visão de três grandes nomes do século XX.

6.1. Lidar com a cultura organizacional

Começaremos pela cultura organizacional, com o respaldo de alguém bastante respeitado para falar sobre isso.

Peter Drucker, conhecido como o pai da administração moderna, disse que a "cultura devora a estratégia no café da manhã". De seus muitos *insights*, acreditamos que este seja o mais importante para a consecução de uma estratégia, de uma grande mudança organizacional, e para a inovação. Que empresa não contempla a inovação em sua estratégia nos dias de hoje? Lembramos da cena de Matrix em que Morpheus, sentado numa poltrona desgastada pelo tempo, pergunta a Neo: "você quer saber o que é a Matrix? Matrix está em toda parte [...] é o mundo que acredita ser real para que não perceba a verdade". Assim como não conseguimos ver o ar que sustenta a aeronave olhando pela janela do avião, estamos inseridos em uma cultura organizacional poderosa, onipresente e invisível. Ao contrário de técnicas e ferramentas, que podem ser aprendidas e replicadas quase que imediatamente, a cultura é cultivada ao longo dos anos.

A psicologia nos ensina que nossas vidas estão cheias de pequenos atalhos de decisão, coisas que fazemos sem pensar, como olhar o telefone celular, trocar a marcha do carro ou acordar, escovar os dentes e tomar banho, decisões automáticas que tomamos sem pensar ou considerar opções adjacentes. Obviamente, se fôssemos considerar todas as alternativas para cada decisão cotidiana que tomamos do momento em que acordamos até a hora de sair de casa para ir ao trabalho, certamente nunca sairíamos para trabalhar. Ao contrário disso, ficaríamos presos em casa, passando por um atoleiro de procrastinação e indecisão até a hora de dormir. Felizmente, porém, nós humanos evoluímos para contornar isso. Em vez de pensar demais nas decisões mundanas, empregamos uma mistura de hábitos, comportamentos padrão e atalhos mentais, de modo que possamos navegar com uma interferência mínima de nosso "eu consciente". Esses processos inconscientes nos permitem funcionar de forma muito eficaz, sem analisar profundamente tudo. Trata-se de um poderoso mecanismo da evolução que permite liberar nossas mentes para tarefas importantes, interessantes e desafiadoras, como, no caso de nossas organizações, o planejamento estratégico e a própria inovação.

No livro "O Poder do Hábito", Charles Duhigg relata o caso de Eugene Pauly, um paciente idoso que teve problemas cerebrais causados por uma encefalite viral e por isso perdeu a capacidade de usar uma parte do seu cérebro. Todas as demais funções cerebrais continuaram funcionando normalmente, mas sua memória ficou gravemente prejudicada. Ele se tornou incapaz de se lembrar de qualquer coisa que tivesse ocorrido após 1960, embora se lembrasse, em detalhes, de tudo que acontecera antes disso. Ele se transformou em um homem incapaz de aprender coisas novas, pois, decorridos poucos segundos, esquecia o que havia se passado no momento imediatamente anterior. Eugene não se lembrava nem onde ficava seu quarto ou a cozinha em sua própria casa.

Diariamente, para exercitar-se (e também para que não enlouquecesse ouvindo todos os dias as mesmas perguntas), sua esposa o levava para caminhadas ao redor do quarteirão. Em um momento de descuido, em um dia comum, Eugene desapareceu e sua esposa ficou desesperada. Sua perda de memória poderia fazer com que ele vagasse pelas ruas para qualquer direção e nunca mais voltasse para casa. Quando ela entrou afoita pela porta para chamar a polícia, encontrou Eugene na sala, sentado em frente à televisão. Ela se aproximou e olhou as mãos de Eugene. Seus dedos estavam melados de seiva, das pinhas que ele normalmente coletava quando saia diariamente para caminhar. Quinze minutos, seguindo sua rota diária, e ele conseguiu retornar para casa. Alguns dias depois, Eugene já era capaz de fazer o percurso sozinho. Isso fez com que os cientistas o estudassem e descobrissem que os hábitos, suas práticas rotineiras, são armazenadas em uma área do cérebro totalmente diferente do lobo temporal, responsável pela memória. Isso provou que nós aprendemos e tomamos decisões inconscientes sem a necessidade de nos lembrarmos sobre fatos e razões que levaram àquela decisão ou aprendizado.

A essa altura, você deve estar intrigado: como isso se relaciona com a cultura organizacional? Ocorre que nosso cérebro também lida com muitas decisões praticamente invisíveis que acontecem dentro e ao redor de uma estratégia organizacional. Não estamos nos referindo a decisões sobre priorizar esse ou aquele projeto no portfólio, ou sobre investir US$ 200 ou 300 mil em uma determinada pesquisa. Em vez disso, estamos falando de comportamentos e decisões cotidianas mais sutis, mais discretas. Por exemplo, qual é a nossa reação instintiva a um experimento fracassado, um projeto cancelado ou resultado surpreendente? Qual nossa reação quando um colaborador de nossa equipe comete um erro ou assume publicamente não ter determinado conhecimento? Estamos contratando automaticamente pessoas com as mesmas características, conhecimentos, preferências e opiniões ou estamos realmente investindo em diversidade?

Digo "estamos" porque somos parte da cultura, assim como a cultura é parte de nós, o quanto, de fato, estamos tão submersos em nosso viés que não conseguimos enxergar algo de forma diferente, sob uma nova lente, e reaprender.

Alvin Tofler, famoso escritor e futurista estadunidense, dizia que "o analfabeto do século XXI não será aquele que não consegue ler e escrever, mas aquele que não consegue aprender, desaprender e reaprender".

Se estratégia é mais sobre o que fazemos quando pensamos sobre uma decisão, a cultura é mais sobre o que fazemos sem pensar. Ninguém sabe exatamente quanto de nossas decisões diárias ocorrem acima e abaixo da linha de consciência, mas estimativas típicas sugerem que mais de 90% das decisões ocorrem principalmente abaixo dela.

Então, voltando ao círculo completo da citação de Peter Drucker que abre essa reflexão, a cultura devora a estratégia porque, de fato, é muito maior do que ela, e isso torna a primeira potencialmente muito mais importante do que a última.

Finalmente, construir uma cultura é uma maratona, não uma *Sprint*. A cultura não se forma por decreto, é muito mais do que uma declaração de propósito ou uma palavra da moda. Deve ser autêntica, fundamentada em valores centrais de uma organização e ser consistente. Podemos mudar a cultura, mas não por meio de um memorando, em parte porque opera principalmente abaixo da nossa consciência e cresce lentamente, como uma árvore com raízes profundas, e que, quando atingida, é altamente resiliente.

6.2. Negligenciar a complexidade

Para falar sobre complexidade, outro grande nome: Stephen Hawking. "Acho que o próximo século será o século da complexidade", disse o conhecido professor de Cambridge em uma entrevista concedida ao *San Jose Mercury News*, em janeiro de 2000. Embora muito tenha sido dito sobre complexidade nos últimos anos, esse ainda demonstra ser um conceito um tanto quanto pouco explorado no meio corporativo. É nesse contexto (mercado) que ajustaremos a "lente" da complexidade.

Para começar, trazemos o exemplo do clube do unicórnio, um seleto grupo de *startups* que superam o valor de mercado de US$ 1 bilhão.

Lance Surety Bonds, juntamente com profissionais de marketing da Presitely, disponibilizaram em fevereiro de 2018 uma pesquisa para ilustrar as 20 principais razões pelas quais as *startups* falham. A pesquisa foi realizada pela CBInsights, que entrevistou fundadores de *startups* para saber, na visão deles, quais foram os motivos que os levaram a fracassar. As razões foram agrupadas em 20 categorias distintas. Você notará que a soma das porcentagens excede 100%, porque muitas *startups* falham por mais de um motivo.

Lidar com problemas que são interessantes de resolver, em vez daqueles que atendem a uma necessidade do mercado, foi citado como a razão número 1 para falha, observada em 42% dos casos. Isso ilustra bem o que entendemos por complexidade: não conseguimos mais compreender o sistema completamente e perdemos a relação de causa-efeito, que até então fazia de um bom produto o suficiente para uma estratégia de sucesso. A imprevisibilidade é, por si só, uma característica marcante da complexidade. Uma frase bastante impactante sobre isso faz parte de uma matéria publicada em maio de 2018, na revista Forbes, chamada "Como o VUCA (volátil, incerto, complexo e ambíguo) está remodelando o ambiente de negócios e o que isso significa para a inovação". A frase é: "o que tornou os líderes de sucesso na Era Industrial, ou seja, conhecimento técnico, forças pessoais como carisma e visão e foco organizacional na eficiência por meio de iniciativas como o Seis Sigma, simplesmente não funcionará na imprevisibilidade desenfreada da era VUCA".

A busca por uma relação causal óbvia entre uma estratégia e seu sucesso faz com que as organizações ainda procurem no passado as respostas para o futuro desejado. Nassim Taleb apresenta em seu livro "A lógica do cisne negro" uma contundente e frustrante constatação: somos péssimos em fazer previsões. "The turkey problem", ou "O problema do peru", é uma expressão de Taleb que apresenta a incapacidade humana de prever o futuro e a falsa confiança que os dados históricos podem nos trazer.

Um peru passa mil dias sendo alimentado por um humano e se fosse realizar uma projeção futura de seus próximos dias considerando os dados, teria uma base histórica bastante sólida. Cada dia do passado é uma evidência consistente de que a função do humano que todos os dias adentra o viveiro pela manhã é alimentá-lo e cuidar de seu bem-estar.

Se reuníssemos todos os perus da cidade para a assembleia nacional do peru, com o intuito de realizar o planejamento estratégico para os próximos mil dias, poderíamos projetar uma série histórica incrivelmente consistente e promissora. Tudo estaria perfeitamente certo, exceto pelo fato de que o dia 1001, popularmente conhecido como "o dia de ação de graças", festa tradicional norte-americana, tem como o prato principal o peru.

No dia 1001, o destino do peru foi o forno, e a família que o alimentou pelos últimos mil dias será a mesma que o comerá no almoço. O gráfico de bem-estar x dias de vida do peru passaria a ser algo assim:

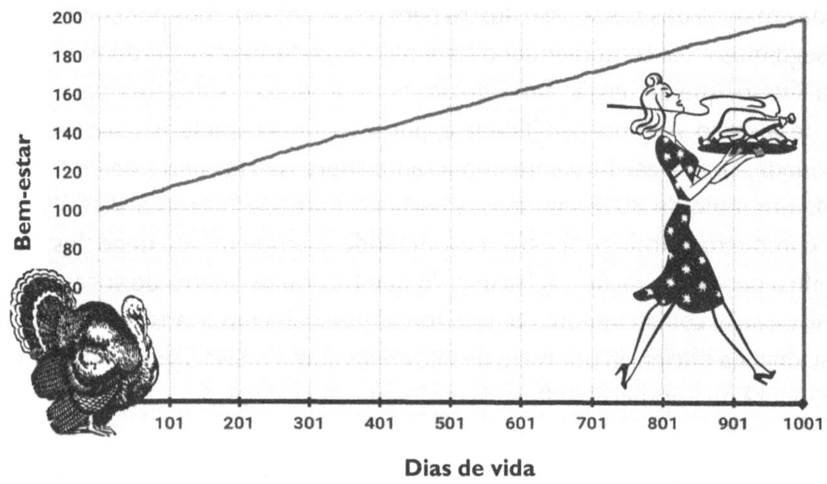

Figura 6.1. 1001 dias na vida de um peru

O peru tinha dados, tinha informação e uma tremenda base histórica, mas tinha conhecimento? Sim, mas apenas limitado ao mundo que conhecia e acreditava ser o suficiente para prever os próximos dias, ignorando que um evento totalmente imprevisível poderia acontecer e comprometer seus planos. Temos facilidade em encontrar explicações para grandes eventos, mas somente depois que acontecem.

Ao analisarmos esse gráfico, uma palavra surge imediatamente: monopólio. Quantas organizações projetam seu futuro com base no monopólio de produtos ou serviços que conservam há décadas ou séculos. A complacência é o ingrediente principal na morte do peru. "Considere que a sensação de segurança [do peru] atingiu seu máximo quando o risco estava no máximo!", Taleb escreve.

O desafio das organizações no século da complexidade é que precisam planejar suas estratégias com a certeza de que os dados do passado são importantes, mas incompletos e insuficientes para projetar uma relação causal entre o sucesso de seus projetos e produtos e o alcance de sua visão e objetivos estratégicos. Precisarão planejar sua estratégia considerando o conhecimento que possuem, mas também atentas aos cenários prováveis e sinais fracos, que poderão, eventualmente, anunciar a chegada do "dia de ação de graças".

6.3. Indicadores e métricas de desempenho

Este talvez seja o mais perverso dos problemas que impedem as organizações de alcançar sua estratégia de transformação ágil.

Logo nas primeiras páginas do livro "A Meta", de Eliyahu M. Goldratt, deparamos com a frase "dize-me como me medes e dir-te-ei quem sou!". Muito temos discutido a respeito de inovação, futuro e transformação ágil, mas continuamos sob forte influência dos mesmos indicadores de volume e produtividade que marcaram a produção em massa e os sistemas de qualidade característicos da Segunda Revolução Industrial.

Avaliemos a seguinte situação: a empresa A, um banco comercial de varejo, que possui como negócio principal o crédito, ou seja, empresta a uma determinada taxa de juros recebendo um *spread*, que é a diferença entre o preço de compra e o preço de venda de uma ação, título ou transação monetária que realizou. Essa empresa possui computadores que precisam estar disponíveis para que o trabalho aconteça, então contrata uma empresa B, especializada em manutenção de computadores, para que possa assegurar a máxima disponibilidade dos equipamentos ao longo do dia. A disponibilidade ideal (embora utópica) seria 100%.

Essa relação comercial precisará definir uma forma de remuneração da empresa A para a empresa B, e chegam ao acordo de que cada vez que uma máquina apresentar defeito, uma ordem de serviço deve ser criada. Cada ordem de serviço executada com qualidade pela empresa B será atestada pela empresa A e, então, paga. Nesse momento, o indicador acaba de destruir a relação entre as duas empresas. Tudo parecerá ir muito bem até que, de repente, a quantidade de ordens de serviço começará a aumentar linearmente, mês após mês. A empresa B, contratada inicialmente para aumentar a disponibilidade dos equipamentos, precisará de ordens de serviço para pagar seus funcionários, ou seja, quanto maior a quantidade de atendimentos, maior o valor para a empresa B. Cada atendimento significa a indisponibilidade de um computador, então, quanto mais atendimentos, menos disponibilidade. Quanto mais valor para a empresa B, menos valor para a empresa A e vice-versa. Como resolver essa questão?

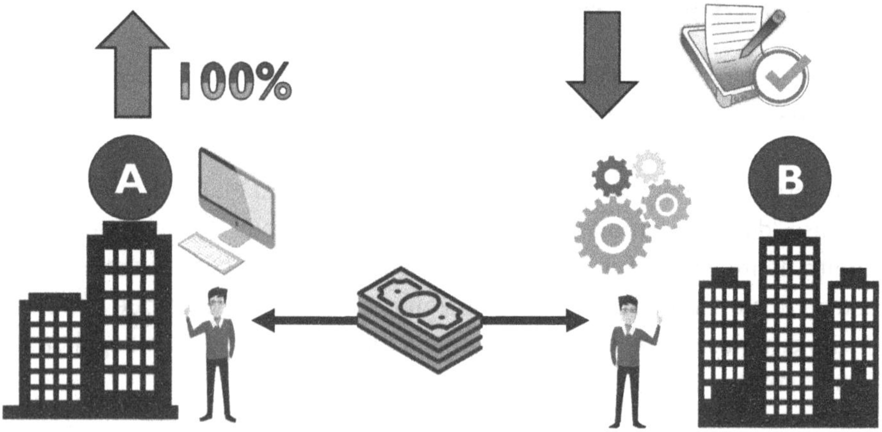

Figura 6.2. O dilema das organizações

Grande parte das empresas buscará utilizar eventos de confraternização, palestras motivacionais e campanhas para conscientizar os empregados sobre a importância de trabalharem pelo mesmo propósito, "vestindo a camisa". Todos os empregados já entenderam isso, mas o indicador que continuará avaliando o desempenho e assegurando a empregabilidade na organização por meio das metas mensais continuará sendo quantidade de ordens de serviço atendidas. O resultado disso é uma equipe cansada, exausta e desmotivada. Chamamos isso de "síndrome do Rambo", em analogia ao segundo filme da série, quando Rambo está preso em uma penitenciária federal de segurança máxima e recebe uma proposta: será perdoado e reintegrado ao Exército se participar de uma missão no Vietnã, onde terá que enfrentar todo tipo de inimigos, inclusive oficiais americanos corruptos. Contra todos os indicadores, contra todas as regras estabelecidas, o herói cumpre a missão, retornando ao final destruído física e psicologicamente, indo se refugiar em um mosteiro budista, em busca de paz espiritual. As organizações que buscam o herói se esquecem que esse papel não é escalável, não é sustentável e qualquer estratégia que dependa de atos heroicos dos empregados para que, contra tudo e contra todos, ignorando todos os indicadores impostos, sacrifiquem sua vida e sua mente em prol de uma mudança organizacional, estará fadada ao fracasso. Em vez de exigir que as pessoas se comportem dessa ou daquela forma, basta mudarmos o contexto e elas sozinhas ajustarão seu comportamento.

Vemos pessoas exaustas, *burnout*, colaboradores trabalhando diuturnamente, por todos os lados das organizações, onde a soma dos esforços individuais é espantosa, mas a força total do sistema é igual a zero, pois todos "puxam a corda" com força máxima em direções opostas. O resultado seria muito melhor se todos trabalhassem de forma sustentável, equilibrada, "puxando" na mesma direção.

Não é por acaso que a palavra "COLABORAÇÃO" traz consigo a composição de três palavras: CO+LABOR+AÇÃO: CO: crença, junto, compartilhado; LABOR: competência, trabalho, tarefa, desafio; AÇÃO: atitude, movimento, energia. Todos juntos se movimentando no mesmo sentido, para a mesma direção, trabalhando para o mesmo objetivo.

Em um mundo em que a quantidade de informações geradas é substancialmente maior do que nossa capacidade de analisá-las, em que as mudanças ocorrem em uma velocidade nunca antes vista e em um contexto onde grandes organizações não competem mais com seus tradicionais concorrentes, mas com uma sociedade em rede, hiperconectada, capaz de revogar a legitimidade de modelos de negócios antigos e estáveis, o desafio para uma estratégia de transformação ágil torna-se muito maior. As organizações que dedicarem uma especial importância à cultura organizacional, à complexidade e aos indicadores de desempenho nessa caminhada estarão alguns passos à frente.

7. Organizações ágeis, uma jornada desafiadora

As incertezas trazidas pela revolução digital romperam paradigmas até poucos anos considerados intocáveis por diversas organizações. Segmentos que tinham como principal barreira aos entrantes a necessidade de investimentos na casa de milhões, quando não bilhões de dólares para que um novo competidor se tornasse uma ameaça em seus mercados, não foram capazes de prever a chegada de forças substitutas que derrubaram esse antigo paradigma.

São muitos os exemplos que podem ser citados para ilustrar essa situação, mas sem dúvida um dos que mais se destaca é a entrada no mercado dos negócios baseados em plataformas digitais. As grandes organizações, com seus modelos de negócio que demandam um tremendo investimento de capital para construção ou aquisição de seus ativos, jamais imaginariam que a economia colaborativa pudesse chegar até seus segmentos. Exemplos como Amazon, Uber, Netflix e Airbnb são cada vez mais comuns. Ninguém previu, por exemplo, que um entrante, investindo apenas em software e em um novo modelo de negócio, em poucos anos teria valor de mercado comparável ao dos maiores *players* de seu segmento.

É esse contexto de transformação do mercado competidor e de novos comportamentos e hábitos de consumidores que vem pressionando as organizações a desenvolver estratégias capazes de antever as mudanças que estão por vir, romper antigos paradigmas e mudar rapidamente, antes que se tornem obsoletas e menos competitivas.

Na visão do PMI®, agilidade organizacional pode ser definida como a capacidade de mudar ou se adaptar rapidamente em resposta a condições de mercado ou outros fatores externos, incluindo novos concorrentes, tecnologias emergentes, demandas de clientes e súbitas mudanças sociopolíticas e econômicas[1].

---

[1] Fonte: PMI – *Pulse of the Profession®: Capturing the Value of Project Management Through Organizational Agility* – 2015. Site: <https://www.pmi.org/Pulse>.

Agilidade organizacional, deste ponto de vista, inclui diversas variáveis que vão muito além da simples adoção de uma abordagem ágil de gestão de projetos.

Ser uma organização ágil passa por criar uma cultura de contínuo questionamento do *status quo*, prever o que antes parecia imprevisível, ser capaz de compreender demandas não atendidas e muitas vezes criar, testar e lançar produtos e serviços para atender a demandas que nem mesmo o mercado consumidor percebeu que necessita ou deseja.

Organizações ágeis compreendem a importância de criar um ambiente seguro para falhas, destinado à inovação, e, nesse ambiente, valorizam e cultivam diversos ingredientes, tais como: criatividade, estruturas menos hierarquizadas compostas por equipes colaborativas, auto-organizáveis ou no extremo autogerenciáveis, processos participativos de cocriação (inclusive com clientes e fornecedores), tolerância ao fracasso, capacidade de questionar continuamente seus paradigmas organizacionais para reagir rapidamente aos imprevistos e ameaças não identificadas e, especialmente, a capacidade de gerir as mudanças radicais que estarão por vir. Isso não significa que a empresa inteira deva se organizar dessa forma. O ambiente "seguro para falhar" deve estar separado do ambiente "à prova de falhas", pois uma organização saudável mantém os processos do dia a dia funcionando com segurança e qualidade, destinando um ambiente específico para desenvolvimento e inovação.

Consolidar uma cultura desse tipo é um tremendo desafio que toca as organizações de maneiras diferentes. *Startups* costumam nascer propensas à adoção de uma cultura ágil. Para essas empresas tudo é novo, inclusive os produtos e serviços que estão lançando. Experimentar, receber *feedbacks*, aprender continuamente, errar e recomeçar faz parte do DNA nativo dessas organizações, cujos paradigmas organizacionais ainda não existem e mesmo a cultura está em plena formação. Não há apego aos grandes feitos históricos, pois a história está sendo construída em tempo real, todos os dias, e, quando necessário, reconstruída com pouca resistência de seus empreendedores.

Em organizações tradicionais e supostamente consolidadas, antigas estruturas e verdades absolutas que cunharam o sucesso da organização até aqui precisam ser descontruídas para dar lugar a uma nova maneira de operar, e isso não é nada fácil de se fazer.

O primeiro e principal desafio é o humano. Lidar com questões como ego, status, poder e agendas pessoais, que são profundamente impactadas pelas mudanças necessárias para consolidação de uma cultura de organização ágil, são a principal causa de fracasso daquelas que já perceberam que precisam mudar, mas ainda não conseguem acompanhar o ritmo de novos competidores, especialmente os que já nasceram com esse novo modelo da cultura organizacional. Como o "pai" da gestão de mudanças, John P.

Kotter, já disse: "a questão central nunca é estratégia, estrutura, cultura ou sistemas. O cerne da questão é sempre sobre como mudar o comportamento das pessoas".

Curioso notar que a principal característica de uma organização ágil, citada por 73% dos entrevistados pela pesquisa PMI – *Pulse of the Profession®: Capturing the Value of Project Management Through Organizational Agility* (2015), é flexibilidade e adaptabilidade. No entanto, quando questionados sobre a eficácia na implementação imediata de estratégias responsivas ou adaptáveis, apenas 27% dos respondentes acham que suas organizações são extremamente ou muito eficazes. Esse *gap* entre a percepção do que é uma organização ágil e a eficácia das organizações em serem ágeis demostra o quão desafiador é mudar uma organização de seu modelo tradicional para uma cultura realmente ágil.

A adoção de abordagens de gestão de projetos no modelo ágil certamente é uma alternativa para **iniciar a jornada**, que, temperada com **outros ingredientes essenciais**, poderá levar aos primeiros passos da agilidade organizacional.

Implantar métodos ou *frameworks* ágeis também é uma mudança que demandará muito patrocínio e engajamento das lideranças, especialmente naquelas organizações em que a abordagem tradicional de gestão de projetos está arraigada há muito tempo. Balancear adequadamente a escolha de quais projetos e programas devem ser desenvolvidos com abordagens ágeis, híbridas e tradicionais é outro desafio, e para isso faz-se necessário compreender a organização como um sistema em que o todo é muito maior do que a soma das partes, muito além de uma simples decisão em prol de uma abordagem A ou B.

Mesmo uma organização que consiga consolidar um modelo ágil de gestão e implementação de projetos não necessariamente alcançará a agilidade organizacional. O conceito de organização ágil é bem mais complexo e não pode ser dissociado de uma cultura flexível, adaptativa e resiliente, estruturada em valores, crenças, rituais, processos e especialmente em comportamentos e atitudes das lideranças.

Organizações ágeis devem ser capazes de atuar de forma dinâmica, tanto no planejamento como na execução da estratégia, na mesma velocidade das transformações tecnológicas, mercadológicas, sociais e políticas. Sem esses fatores, a organização será ágil apenas em se declarar ágil, mas não ágil o suficiente para sobreviver em um mundo volátil, incerto, complexo e ambíguo.

Afinal, sua organização está preparada para a jornada que a levará de fato a empreender em busca da agilidade organizacional? Vale a reflexão.

8. *Startups* precisam de Gestão de Mudanças?

Muitas *startups* usam abordagens ágeis para o desenvolvimento de seus produtos e serviços. Nesses casos, na realidade não existem paradigmas organizacionais estabelecidos, já que tudo que se está desenvolvendo é novo.

Este livro está muito relacionado com mudanças introduzidas por projetos desenvolvidos com modelo ágeis em organizações já estabelecidas. Nesses casos, paradigmas precisam ser rompidos para que as mudanças introduzidas por novos produtos ou serviços sejam assimiladas pelo corpo funcional.

Apesar disso, compreender as técnicas de gestão de mudanças traz valor para organizações em qualquer estágio de seu ciclo de vida, particularmente se considerarmos que também as *startups* são entidades vivas, em constante mudança, por vezes em velocidade exponencial.

Se tem gente envolvida, teremos também ego, status, poder e agendas pessoais presentes. Claro que em uma *startup* o clima de engajamento da equipe de projeto é favorecido pelo momento que a empresa está vivendo. Entretanto, as relações humanas são sempre complexas e temas como conflitos, motivação, estresse, comportamentos, estímulo à criatividade e inovação, comunicação, processos participativos e espírito de equipe também precisam ser geridos.

As frustrações fazem parte do próprio processo de criação de uma empresa e de um novo produto ou serviço e são um ácido corrosivo para todos os elementos citados. Muitos desses elementos fazem parte da própria essência dos modelos ágeis, o que torna a aceitação da gestão de mudanças como parte da cultura organizacional mais natural.

No caso de empresas já consolidadas, a gestão dos *stakeholders* estará possivelmente mais voltada para os colaboradores, mas também deve ter um olhar para o ambiente externo. Clientes, governo, sindicatos, acionistas, imprensa, fornecedores, dentre outros, também são *stakeholders*. No caso de *startups*, são esses *stakeholders* externos o principal foco, que demandam gestão do engajamento e antagonismo.

A aplicação de abordagens ágeis em *startups* tende a ser mais fácil do que sua introdução em empresas já consolidadas, já que não haverá a ruptura com uma cultura anterior de gestão de projetos. A organização é nova, mas é preciso lembrar que as pessoas trazem consigo sua história profissional, hábitos e seus próprios paradigmas. Isso também demanda gestão, especialmente para que a cultura organizacional não seja resultado do acaso, mas sim orquestrada por elementos cultivados, como: missão, visão, crenças, valores e atitudes das lideranças, dentre outros. O esforço da gestão de mudanças nesse caso, além do foco nos *stakeholders* externos, está essencialmente na consolidação de uma cultura organizacional tal qual idealizada por seus fundadores.

Não raro vemos *startups* que nasceram com o DNA organizacional e mudaram radicalmente na medida em que a organização cresceu. Por vezes, essa organização perde seus atrativos iniciais, o contato interpessoal com as lideranças já não é o mesmo, estruturas de comando e controle são implementadas e o engajamento, que antes era natural, passa a necessitar de grande esforço para se manter ativo. Há casos de empresas que crescem tanto a ponto de abrirem suas operações para investidores externos e perderem completamente sua característica original, inclusive porque controles agora necessários para atender às demandas de boas práticas de *compliance* e leis como *Sarbanes-Oxley* mudam completamente o modelo de gestão, antes autogerenciável, aberto e distribuído, para algo mais próximo do velho modelo de gestão controladora das pessoas. É nesse momento que muitas organizações perdem seu DNA original e encontram dificuldade em se manterem sustentáveis do ponto de vista humano.

Devemos ainda considerar que a empresa que nasce com a Gestão de Mudanças em seu DNA organizacional torna seu crescimento e possível redirecionamento estratégico futuro muito menos traumático.

O momento de criação de uma empresa é favorável e facilita a gestão do fator humano, mas nem por isso este deve deixar de ser gerido. Para empresas nesse estágio a gestão das mudanças será leve, adaptando-se e sendo inserida na cultura aos poucos, mas ainda assim será necessária, pois a empresa seguirá eternamente mudando.

Se você está em uma *startup* desenvolvendo seu primeiro produto, provavelmente aplicará apenas parte dos conceitos de Gestão de Mudanças, mas não se esqueça de que, se sua empreitada der certo, mudanças virão e você precisa estar preparado para enfrentá-las.

9. O que muda na atuação do gerente de mudanças em projetos com abordagens ágeis?

Gestão de projetos e de mudanças são duas disciplinas que devem caminhar juntas. Enquanto a primeira é o meio de desenvolver produtos e serviços que atenderão a uma demanda estratégica, a segunda se ocupa do fator humano, do engajamento e da gestão do antagonismo dos *stakeholders*. É a abordagem integrada de ambas que amplia em muito a possibilidade de um projeto alcançar os objetivos estratégicos que motivaram uma empreitada.

Abordagens ágeis, quando usadas propriamente, tendem a promover um engajamento mais natural dos *stakeholders* que estão atuando diretamente nos projetos. Os princípios do Manifesto Ágil pressupõem que profissionais da área de negócio devem trabalhar em conjunto ao longo de todo o projeto. Além disso, as decisões embasadas em processos participativos também são inclusivas e ampliam a conexão de toda a equipe com as entregas do projeto e as mudanças por este introduzidas. Gestores de mudanças que sabem tirar proveito dessas características têm seu trabalho facilitado.

Implantar abordagens ágeis é uma jornada complexa que deve ser tratada como um projeto que introduz mudanças, especialmente nas organizações em que a cultura de gestão de projetos com métodos lineares está muito arraigada. Temos visto que em muitos casos, no final, a abordagem ágil é distorcida e perde partes relevantes de seus princípios e processos.

Em algumas metodologias ou *frameworks* ágeis a própria figura do gerente de projetos pode não existir. A premissa adotada é a de que as equipes devem ser auto-organizáveis e autogerenciáveis. Talvez essa seja a grande questão que estimula a pergunta que formula o título deste item: o que muda na atuação do gerente de mudanças em projetos com abordagens ágeis?

A resposta para essa questão, em nossa opinião, não é tão complexa como pode parecer. Sendo abordado com modelos ágeis ou lineares, o projeto introduzirá mudanças na organização e os objetivos estratégicos que motivaram a empreitada só serão alcançados se houver alto engajamento dos *stakeholders*. As mudanças começam com as pessoas e precisam ser geridas e lideradas para que passem da instância individual para a organizacional.

Neste sentido, a Gestão de Mudanças nas abordagens ágeis preserva seus princípios, embora demande algumas adaptações para que funcione em harmonia com os ritos, processos e princípios das abordagens ágeis. Um dos pontos relevantes que caracteriza algumas abordagens ágeis é a convergência entre atividades típicas dos gestores de mudanças e da equipe de projetos. Nesses casos, o planejamento do projeto precisa definir claramente papéis e responsabilidades dos profissionais envolvidos na empreitada. Atividades como comunicação, gestão de conflitos, formação do espírito de equipe, reconhecimento e celebrações, dentre várias outras, devem ser discutidas e alinhadas para que as fronteiras de responsabilidade gerem um ambiente de cooperação entre os profissionais com diferentes especialidades.

A Gestão de Mudanças é uma área de especialização profissional que deve atuar em conjunto com o líder do projeto, patrocinador e demais agentes da mudança. Entretanto, Gestão de Mudanças também é uma competência, um conjunto de conhecimentos, habilidades e atitudes necessárias para o sucesso de uma mudança. Esse papel pode ser desenvolvido pelo próprio líder do projeto, caso a empreitada não seja muito complexa a ponto de necessitar de profissionais exclusivamente dedicados às atividades de gestão das mudanças.

Temos ainda que considerar os casos de empresas que adotam modelos em que a responsabilidade pelo projeto não está concentrada em uma pessoa, mas dispersa de forma transversal pela equipe do projeto. Acreditamos que mesmo nesses casos a Gestão de Mudanças pode ser adotada, seja na forma de uma disciplina orquestrada por um ou mais membros do projeto, seja integrando um profissional especializado em Gestão de Mudanças como parte da equipe. Mais uma vez ressaltamos que é a clara definição de papéis e responsabilidades que proporcionará a integração e a cooperação entre os profissionais que trabalham em projetos com abordagens ágeis e os gestores de mudanças.

Abordaremos a seguir as peculiaridades e os ajustes necessários das atividades de Gestão de Mudanças em projetos conduzidos com abordagens ágeis.

10. Gestão de Mudanças ou transformação organizacional?

Quando pensamos em gestão de mudanças organizacionais, frequentemente focamos em um único projeto e em seus objetivos estratégicos. Não sem motivo, na década de 50 os primeiros fundamentos de Gestão de Mudanças foram lançados pelo Dr. Kurt Lewin ao descrever os três estágios da mudança – Descongelar, Mudar e Congelar. O foco da teoria de Lewin estava justamente em uma mudança específica que acontecia de tempos em tempos. Sem dúvida, naquele momento pensar em congelar fazia todo sentido. A ideia era a busca pela estabilização através da consolidação das mudanças. Entretanto, vivemos agora o mundo VUCA (acrônimo dos termos em inglês – ***V**olatility*, ***U**ncertainty*, ***C**omplexity* e ***A**mbiguity*), em estado líquido de mudanças velozes e contínuas.

Nesse contexto, já não há espaço para manter nada congelado. Ao contrário, precisamos manter as organizações em estado líquido preparadas para mudanças exponenciais. Esse é o processo de transformação organizacional, um modelo que se ampara em objetivos estratégicos, que podem ser fixados com periodicidade diferente dependendo do segmento de mercado em que a organização atua, mas que deve ser revisado e ajustado dinamicamente, de acordo com a evolução tecnológica, inovações, novos modelos de negócio, alterações no cenário competitivo, mudanças dos hábitos e comportamento do consumidor, questões políticas e socioambientais.

Enquanto na década 1950 a idade média das empresas que fazem parte do índice S&P 500 (*Standard & Poor's 500*) era de cerca de 60 anos, nos dias atuais é menor que 20 anos, de acordo com o Credit Suisse (SHEETZ, 2017).

Ampliar a produtividade, lucratividade e competitividade são objetivos estratégicos quase sempre presentes no planejamento das organizações. Entretanto, diante de um novo cenário competitivo estimulado pela revolução tecnológica, adaptação e mudanças contínuas são o único caminho para assegurar a longevidade de uma organização.

A transformação organizacional deve ser estruturada como um movimento permanente de planejamento, execução, busca de *feedbacks* e adaptação dinâmica da estratégia de acordo com os resultados alcançados. São diversas as iniciativas que nesse momento se encaixam nessa abordagem, com destaque para:

- ✓ Transformação digital.
- ✓ Inovação como parte do DNA organizacional.
- ✓ Introdução de abordagens ágeis e híbridas de gestão de projetos.
- ✓ Implantação de metodologias e boas práticas de Gestão de Mudanças.
- ✓ Iniciativas de lapidação da cultura organizacional para estímulo de comportamentos adaptativos em um contexto de complexidade e incertezas.
- ✓ Desenvolvimento de lideranças altamente resilientes, capazes de patrocinar mudanças e inspirar os *stakeholders* através de seu exemplo.
- ✓ Redesenho de estruturas organizacionais buscando a ruptura de silos departamentais e o desenvolvimento de equipes multifuncionais, auto-organizáveis e autogerenciáveis.
- ✓ Humanização do ambiente corporativo.

Vivemos uma era em que já não podemos mais desenvolver atividades de Gestão de Mudanças com o foco exclusivo em um único projeto. Cada projeto é um passo no contínuo processo de transformação organizacional e deixa um legado que pode representar:

- ✓ Uma marca positiva, que ampliará a segurança psíquica do corpo funcional para mudanças futuras.
- ✓ Um legado de incertezas e insegurança com cicatrizes organizacionais que dificultarão muito as mudanças que certamente virão.

Promover a transformação organizacional talvez seja o maior desafio dos líderes contemporâneos. Sobreviverão as organizações que souberem aproveitar as oportunidades inerentes a qualquer era transformadora e sobretudo aquelas capazes de gerir as mudanças organizacionais necessárias para sua contínua evolução.

11. Influência do conceito de Ágil no HCMBOK®

É curioso perceber que a própria história do HCMBOK® é um caso de sucesso na aplicação dos conceitos de Ágil e especialmente de *Lean Startup*, ainda que inicialmente essa abordagem tenha sido meramente intuitiva.

Desde o início da nossa carreira na área de tecnologia da informação e gestão de projetos percebemos que o desafio humano era bem mais complexo do que os desafios relacionados à implantação de sistemas. Os modelos existentes nos anos 90 pareciam muito conceituais e difíceis de ser aplicados pelos gerentes de projetos. Foi por isso que Vicente Gonçalves começou a escrever um conjunto de atividades que vinha aplicando com sucesso nos projetos que gerenciava. O intuito inicial era compartilhar com a equipe e estimulá-los a usar o modelo que mais tarde viria a ser o HCMBOK®. Nesses primeiros anos podemos dizer que, mesmo sem nos darmos conta, aplicamos processos de construção participativa, introduzindo conceitos de outras áreas de conhecimento, como psicologia, tanatologia, liderança, gestão de projetos, planejamento estratégico. Não seria exagero dizer que usamos conceitos de abordagens ágeis, na medida em que documentávamos, testávamos e aprimorávamos continuamente nosso modelo de Gestão de Mudanças com base nos *feedbacks* que recebíamos dos executivos e demais *stakeholders* implicados nas mudanças. É como se estivéssemos usando o conceito de MVP (*Minimum Viable Product*) antes de investir em algo mais robusto e complexo. Em 2010 começamos a compartilhar esses conceitos através de *workshops*, mas naquele momento tínhamos apenas apostilas com os *slides* apresentados.

Em 2012 a primeira edição do HCMBOK® foi oficialmente lançada como parte do livro "Gestão de Mudanças – O fator humano na liderança de projetos". No dia seguinte ao lançamento, Vicente e a coautora Carla Campos começaram a tomar nota de todos os comentários, críticas e sugestões de amigos. Quase que imediatamente começaram a escrever a segunda edição do livro, que, lançado em 2014, passaria a ser chamado apenas de **HCMBOK®**. Em poucos anos havíamos criado um produto que já fora testado, aplicado e agora entrava em seu terceiro ciclo de implantação e aprimoramento com o lançamento da terceira edição em 2016 no Brasil e em 2018 nos Estados Unidos.

O que aprendemos com o processo de lançamento do HCMBOK®, desde seu primeiro rascunho até a edição mais recente, é que o processo de construção e aprimoramento em ciclos permite maior entrega de valor na medida em que o produto final é amadurecido através da percepção e do *feedback* de quem usa. Ainda mais relevante é que os *stakeholders*, nesse caso, nossos leitores e alunos, também precisam ser engajados e quanto mais tomamos uma postura empática ouvindo-os, melhores são os resultados. Milhares de pessoas pensando juntas e colaborando direta ou indiretamente sempre tornará o produto mais rico do que apenas o desenvolvimento feito por duas pessoas.

12. Gestão de Mudanças e o universo ágil

Existem diversas metodologias e *frameworks* para gestão ágil de projetos. Os capítulos seguintes não se prendem a nenhum modelo específico, pois nos parece que será mais interessante para você, leitor, conhecer as boas práticas, ferramentas e conceitos e adaptá-los de acordo com as características dos projetos e as mudanças em que você estará envolvido.

Como conceituado no primeiro capítulo, ágil no contexto de gestão de projetos e mudanças não quer necessariamente dizer veloz, mas sim flexível e adaptativo. Entretanto, considerando que a palavra ágil foi universalmente adotada e não queremos nos ater a um método ou *framework* específico, usaremos a expressão "abordagens ágeis", ressaltando que, de forma subjacente, o conceito de adaptabilidade estará presente sempre que o usarmos.

O Manifesto Ágil apresenta um conjunto de valores e princípios relevantes que estão ligados às questões humanas. Entretanto, acreditamos que as metodologias e os *frameworks* ágeis podem ser mais eficazes, se integrados com uma abordagem estruturada de gestão das mudanças organizacionais. Estruturada não quer dizer rígida ou inflexível. Ao contrário, a abordagem de Gestão de Mudanças, ainda que seja orientada por um conjunto de macroatividades, precisa ser adaptativa e ajustar-se dinamicamente às circunstâncias do projeto, ao clima da mudança, ao método do *framework* ágil adotado e sobretudo à cultura organizacional. As referências que traremos adiante integrando abordagens ágeis com o modelo de Gestão de Mudanças proposto pelo HCMBOK® são por princípio orientações com base em boas práticas que não podem deixar de considerar como fator primordial a sensibilidade do gestor de mudanças e líderes do projeto para lidar com o fator humano.

Dentre os conceitos inerentes ao fator humano que encontramos em algumas abordagens ágeis, podemos destacar: processos participativos, comunicação direta (cara a cara), colaboração com o cliente, protagonismo e envolvimento do "dono do produto", *feedback* contínuo, motivação da equipe, lições aprendidas e envolvimento do patrocinador.

O desafio a ser endereçado na integração das abordagens ágeis com a Gestão de Mudanças é a definição de papéis e responsabilidades, já que esses conceitos mencionados estão ligados a ritos, processos e atividades que em algumas abordagens ágeis estão sob a condução de um dos componentes da equipe de projeto. Algumas correntes ortodoxas de especialistas em abordagens ágeis tratam os papéis e responsabilidades da equipe de projeto como uma "caixa preta" e não aceitam nenhuma mudança. Outras são mais flexíveis. Não entraremos no mérito dessa discussão, pois entendemos que o Manifesto Ágil trata de princípios e valores sem relacioná-los com papéis da equipe de projetos, e esses estão diretamente relacionados com a essência da Gestão de Mudanças.

Os papéis e as responsabilidades precisam ser endereçados por uma questão prática de integração entre equipe do projeto e mudanças. Esse tema é tratado no HCMBOK® em uma macroatividade específica que faz parte do Plano Estratégico de Gestão de Mudanças e que, na verdade, independe do método de gestão de projetos adotado.

Considerando que por princípio, na visão do HCMBOK®, a abordagem de gestão das mudanças deve ser realizada desde o momento que o projeto é priorizado no portfólio, o desenvolvimento do **PEGM** (Plano Estratégico de Gestão de Mudanças) segue sendo figura central para os projetos, sejam eles conduzidos com abordagens ágeis, híbridas ou lineares.

Devemos lembrar que uma mudança, do ponto de vista dos *stakeholders*, nasce desde que se iniciam as primeiras discussões sobre uma iniciativa estratégica.

Muitos *stakeholders* começam a experimentar o estado de luto antecipatório organizacional quando recebem as primeiras notícias, por meios formais ou informais, acerca das mudanças que estão por vir. Daí a relevância de se antecipar no que diz respeito à gestão das mudanças desde o momento que elas são priorizadas no portfólio de iniciativas estratégicas e o projeto começa a ser planejado. As pessoas se anteciparão e você, como gestor de mudanças, não pode chegar atrasado. É preciso rapidamente dar um sentido à mudança, falar da visão do estado futuro da organização, criar um propósito que trate dos motivadores da mudança e mobilize as pessoas. Quem não entende por que a mudança é necessária não se engaja. Enquanto as mudanças são comunicadas informalmente nos corredores e a organização permanece se comunicando pelo silêncio (isso mesmo, o silêncio comunica é um dos princípios do HCM-BOK®), a tendência humana é entrar em um estado de insegurança psíquica, o que não favorece o engajamento, mas o antagonismo. Não raro, nesses casos, quando o projeto é comunicado formalmente, os *stakeholders* já têm uma perspectiva negativa das mudanças, o campo já foi minado, trincheiras cavadas, o conhecimento deixou de ser compartilhado e as pessoas já entraram em modo de sobrevivência, dificultando muito a jornada para alcançar os objetivos estratégicos que motivaram a empreitada.

Nas abordagens ágeis o planejamento ocorre em camadas (*Planning Onion*). Essa característica tem reflexo direto no Planejamento Estratégico de Gestão de Mudanças (**PEGM**), que nas abordagens ágeis é formatado em três dimensões, contando com macroatividades estáticas, dinâmicas e híbridas.

A primeira dimensão ocorre no nível de planejamento do projeto ou produto e está relacionada com as macroatividades estáticas e híbridas do **PEGM**. A segunda está relacionada com o planejamento das *releases*, quando desenvolveremos e revisaremos, a cada ciclo, as macroatividades dinâmicas e híbridas do **PEGM**. A terceira leva em conta o planejamento das iterações e está relacionada com as macroatividades dinâmicas e híbridas.

O processo de planejamento de *Releases* e iterações, sob a ótica da Gestão de Mudanças, deve levar em conta não só as variáveis relacionadas com o produto ou serviço, mas também as questões relacionadas com o fator humano. Quando introduzimos a Gestão de Mudanças como parte do planejamento de um projeto conduzido com abordagem ágil, estamos humanizando-o, focando não apenas nas entregas previstas, mas também na sustentabilidade das mudanças esperadas. Exploraremos com maior detalhe as variáveis ligadas aos aspectos humanos da mudança no capítulo 24 – Gestão Ágil da Mudança.

Na figura a seguir estabelecemos a correlação entre os três níveis de planejamento das abordagens ágeis e as atividades de planejamento estratégico de Gestão de Mudanças:

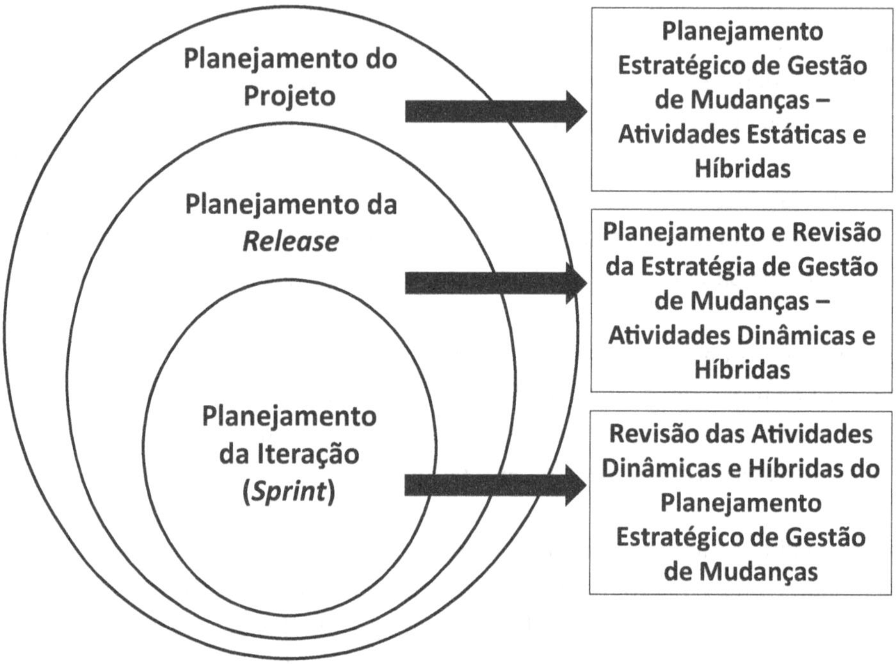

Figura 12.1. Correlação entre planejamento nas abordagens ágeis e Planejamento Estratégico de Gestão de Mudanças

Nossa abordagem de Gestão de Mudanças será estruturada considerando os conceitos mais comumente encontrados em metodologias e *frameworks* de abordagens ágeis, como, por exemplo:

- ✓ Todo projeto começa com a visão do produto ou serviço a ser desenvolvido. A visão é estratégica e trata do objetivo de um produto ou serviço a ser introduzido através de um projeto.
- ✓ Cabe aqui diferenciar a "visão do projeto" nas abordagens ágeis da "visão do estado futuro da organização", comumente abordada sob a ótica da Gestão de Mudanças. Visão do estado futuro é algo maior do que a visão do projeto e está diretamente relacionada com a transformação da organização, que se deseja alcançar após a consolidação das mudanças introduzidas por um portfólio de projetos e programas.
- ✓ Uma vez desenvolvida a visão do produto ou serviço, essa visão é materializada em um *Roadmap*, muitas vezes chamado de *Roadmap* do Produto ou *Roadmap* das *Releases*. Cada *Release* é composta por um ou vários pequenos ciclos de desenvolvimento (iteração ou *Sprints*). Uma *Release* é uma parte do produto ou serviço que, uma vez desenvolvido, será implantado e entrará em estado

de produção. Implantar uma *Release*, isto é, colocá-la em produção, não necessariamente implica em torná-la disponível para todos os *stakeholders*. É possível que a estratégia de implantação seja segmentada, atendendo antes a uma parte dos *stakeholders*, e só depois de amadurecida o suficiente, colocada à disposição de todos os clientes e usuários. Cabe aos *stakeholders* decisores definirem quando e como uma *Release* será implantada.

- ✓ Um projeto pode ter apenas um *stakeholder* decidindo prioridades e estratégias de implantação ou, em caso de projetos muito complexos que abrangem diversas áreas da empresa, diversos *stakeholders* decisores participando dessas definições.
- ✓ Uma *Release* está completa quando todas as iterações estão prontas e validadas. A implantação de uma *Release* leva ao encerramento de suas atividades e poderá levar ao desenvolvimento de nova *Release* ou à conclusão do projeto, seja com sucesso ou porque este se tornou obsoleto.
- ✓ Toda vez que uma parte de um produto ou serviço entra em produção e se torna disponível para os *stakeholders* ela introduz alguma mudança na organização e, portanto, necessita de sustentação para ser consolidada e institucionalizada.
- ✓ Quando você tiver um produto ou serviço maduro o suficiente para concluir o investimento e redirecionar esforços para outras empreitadas o projeto estará concluído. Considerar um produto maduro o suficiente não deixa de levar em conta restrições e limites como prazo e orçamento.
- ✓ O *feedback* é um processo essencial de validação de um produto ou serviço que se dá na entrega de um ciclo, seja ele um ciclo de incremento de uma parte das entregas (iteração) ou de uma entrega propriamente dita (*Release*). O *feedback* pode ocorrer em dois níveis, um interno dos clientes ou usuários envolvidos no desenvolvimento do projeto e que serve como primeiro filtro (*feedback* da iteração), e outro do mercado (*feedback* de uma parte do produto ou serviço implantado por meio de uma *Release*) que é a de validação dos *stakeholders* – clientes ou usuários finais. Ambos servem para lapidação, validação e aprovação do que foi desenvolvido. Os *feedbacks* podem sugerir a necessidade de ajustes, confirmação das hipóteses do que o projeto pretende entregar ou no extremo provar que o que foi desenvolvido não traz o valor imaginado, levando até mesmo ao descarte do que foi desenvolvido, parcial ou integralmente.
- ✓ Melhoria contínua é um processo que diz respeito ao aprendizado que a equipe desenvolve ao longo da entrega dos ciclos, de forma a aperfeiçoar a maneira como se está trabalhando.

A figura a seguir apresenta o modelo que usaremos como referência didática para a execução dos ciclos de desenvolvimento de um projeto conduzido com abordagem ágil, independentemente da metodologia ou *framework* adotado. Note que essa figura está relacionada com os ciclos, iterativos e incrementais, de desenvolvimento do projeto que podem ocorrer em dois níveis:

a) O ciclo que representa o desenvolvimento de uma *Release*, e, nesse caso, quando concluído, leva à etapa de implantação de um produto ou serviço (ou uma nova versão dele).
b) O ciclo que representa uma iteração, que é o menor ciclo de desenvolvimento do projeto que produzirá incremento potencialmente utilizável por meio de uma *Release*. Nem toda iteração resulta em uma *Release* completa. Todo incremento deve ser validado pelos *stakeholders* diretamente ligados ao projeto.

Acreditamos que compreender primeiro a natureza iterativa e incremental das abordagens ágeis e suas fases facilitará a absorção dos conceitos que serão apresentados na sequência. Incluímos aqui uma atividade que normalmente não é mencionada nas metodologias e *frameworks* ágeis – a sustentação das mudanças. Entendemos que produtos e serviços entregues por uma *Release* introduz mudanças na organização. Dessa forma, não poderíamos deixar de aproveitar essa oportunidade para demonstrarmos graficamente o posicionamento dessa atividade típica de Gestão de Mudanças, integrada em um ciclo de desenvolvimento de projeto com abordagem ágil.

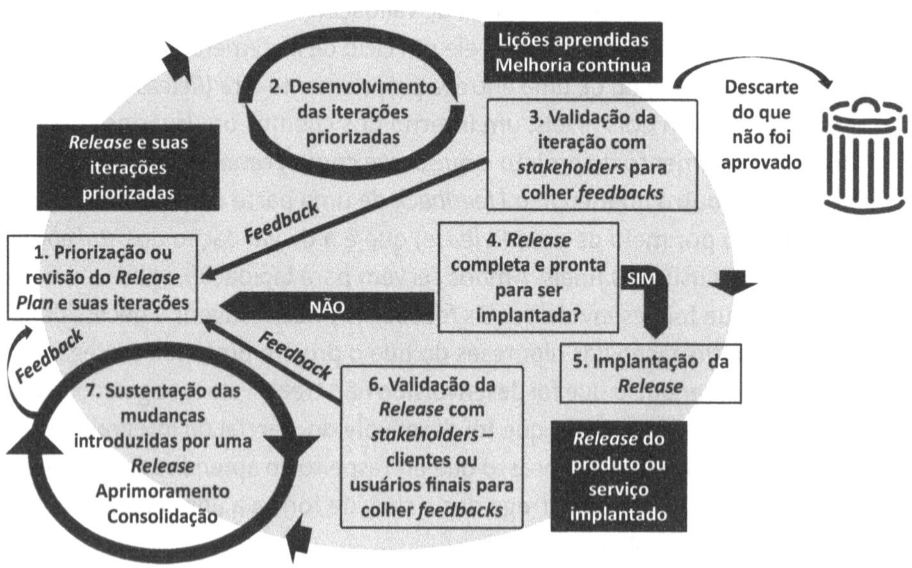

Figura 12.2. Representação genérica do ciclo de desenvolvimento em abordagens ágeis de gestão de projetos

Note que, em uma abordagem ágil, o processo de implantação de um produto ou serviço é desenvolvido em ciclos incrementais de forma que os *stakeholders* – clientes e/ou usuários – possam fornecer *feedback*, confirmando, aprimorando ou descartando as entregas do projeto. Vale lembrar que nem sempre as mudanças introduzidas por uma *Release* ou *Sprint* estarão totalmente consolidadas enquanto outros ciclos do projeto estão em desenvolvimento. Isso é, podemos ter uma mudança em consolidação enquanto outra está em pleno desenvolvimento, ou ainda termos diversas mudanças implantadas em diferentes níveis de maturidade. Veremos mais adiante que atividades do HCMBOK® listadas nas etapas de execução, implantação e sustentação da mudança serão tratadas como parte do ciclo de desenvolvimento de um projeto com abordagem ágil.

Um projeto pode ser considerado encerrado em três circunstâncias:

- ✓ Quando todos os seus ciclos de desenvolvimento tiverem sido aprovados e o produto e serviço possa ser considerado pronto, de acordo com os objetivos estratégicos estabelecidos.
- ✓ Quando os objetivos estabelecidos são alcançados mesmo antes de completar todos os ciclos de desenvolvimento originalmente planejados.
- ✓ Quando se perceber que o produto ou serviço não alcançará a visão construída e é constatada sua inviabilidade, seja ela técnica, mercadológica ou financeira.

Nos dois primeiros casos teremos todas as partes do produto ou serviço desenvolvidas e aprovadas em produção, e iniciaremos então uma nova etapa de sustentação para assegurar que todas as mudanças introduzidas pelo projeto se consolidem e sejam institucionalizadas.

Cabe lembrar que uma peculiaridade das abordagens ágeis é justamente a necessidade de experimentar, testar hipóteses, colher *feedbacks*, falhar, seguir aprendendo com as experiências, adaptar-se e eventualmente descartar um ciclo de desenvolvimento inteiramente. A figura a seguir demonstra esse cenário em que um ciclo de desenvolvimento é inteiramente descartado.

Figura 12.3. Representação genérica de um de projeto com abordagem ágil com o descarte total de um ciclo de desenvolvimento

13. Aplicando o HCMBOK® em projetos com abordagens ágeis

A partir deste capítulo trataremos das peculiaridades na aplicação do HCMBOK® em projetos desenvolvidos com abordagens ágeis. O **HCMBOK®** por sua natureza é altamente flexível e adaptativo. Entretanto, acreditamos que algumas recomendações, ajustes e boas práticas para abordagens ágeis descritas a seguir tornarão o HCMBOK® ainda mais fácil de ser aplicado.

Projetos conduzidos com abordagens ágeis demandam uma revisão mais dinâmica de alguns itens que fazem parte do Plano Estratégico de Gestão de Mudanças (**PEGM**). É esse o caso dos fatores de engajamento e antagonismo, por exemplo, que podem mudar na medida em que novas *Releases* são priorizadas e entram em desenvolvimento.

Para facilitar sua compreensão, dividiremos a seguir as macroatividades do **PEGM** em três tipos, conforme sua natureza:

- ✓ **Estáticas:** uma vez realizadas, suas definições e entregas tendem a não mudar, salvo em casos de excepcionais. Essas macroatividades são desenvolvidas ao longo do planejamento do projeto.
- ✓ **Dinâmicas:** são desenvolvidas ao longo do planejamento da *Release* e revisadas a cada *feedback* da *Release* ou da iteração.
- ✓ **Híbridas:** são aquelas desenvolvidas parcialmente no planejamento do projeto e revisadas e atualizadas no planejamento da *Release* ou da iteração.

Essa reorganização das macroatividades implicará na mudança de sua numeração original em relação ao HCMBOK®.

Caso você esteja trabalhando com uma abordagem ágil de gestão de projetos na qual a figura do "dono do produto" esteja presente, recomendamos que o **PEGM** seja desenvolvido com intensa participação daqueles que representam a área de negócios. A propósito, essa é uma boa pratica que não se aplica apenas ao universo ágil. Qualquer que seja a metodologia de gestão de projetos, envolver os *stakeholders* que devem impulsionar as mudanças é uma boa prática, que estimula o engajamento e amplia a conexão das pessoas com as mudanças.

14. Planejamento do projeto

É a partir do planejamento do projeto que podemos dizer que este nasce formalmente. Aqui são definidos os parâmetros básicos sobre o produto ou serviço a ser desenvolvido, seus objetivos, metas, dentre outros detalhes essenciais para o início da jornada que introduzirá mudanças na organização. Nas abordagens ágeis o planejamento é dinâmico e se repete em diversas camadas. Trataremos primeiro da camada externa que abraça o planejamento do projeto como um todo e que em relação às abordagens lineares (também conhecidas como tradicionais, preditivas, *cascade* ou *waterfall*) podemos traçar um paralelo com algumas atividades da etapa de iniciação e planejamento.

Ainda que não saibamos detalhadamente como serão os produtos ou serviços a serem desenvolvidos, sabemos os objetivos estratégicos a serem alcançados e temos pelo menos uma perspectiva inicial das mudanças que serão introduzidas. Do ponto de vista humano, é nesta etapa que começamos a avaliar as variáveis que envolvem a mudança e a desenvolver as atividades estáticas e híbridas do Plano Estratégico de Gestão de Mudanças – **PEGM**. Em abordagens ágeis também necessitamos de um diagnóstico preliminar de como as mudanças afetarão as pessoas e qual a estratégia que será aplicada para engajar os *stakeholders* e gerir antagonismos.

15. Macroatividades estáticas do PEGM

A seguir trataremos das macroatividades estáticas, que em geral não necessitam de revisão em função de cada ciclo de desenvolvimento do projeto.

Aqui também vale a máxima do HCMBOK®: ser simples para ser eficaz, que faz parte dos valores do **HUCMI** (*Human Change Management Institute*) e está totalmente alinhada com um dos princípios do Manifesto Ágil – "Simplicidade: a arte de maximizar a quantidade de trabalho que não precisou ser feito!".

Em qualquer macroatividade do HCMBOK® sempre avalie, antes de realizá-la, se esta é essencial. A fronteira entre burocracia e metodologia é tênue e desenvolver qualquer atividade que trará pouca relevância ao projeto e suas mudanças deve ser evitada. Selecione e realize apenas as atividades realmente relevantes para o sucesso da empreitada. O HCMBOK® foi construído para ser flexível e cabe a você usá-lo da maneira mais adequada, sem nunca perder de vista o que realmente é essencial em termos de Gestão de Mudanças: a sensibilidade para lidar com a complexidade humana e a atitude empática. Na figura a seguir apresentamos a relação entre o planejamento do projeto e as macroatividades estáticas que fazem parte do Plano Estratégico de Gestão de Mudanças – **PEGM**.

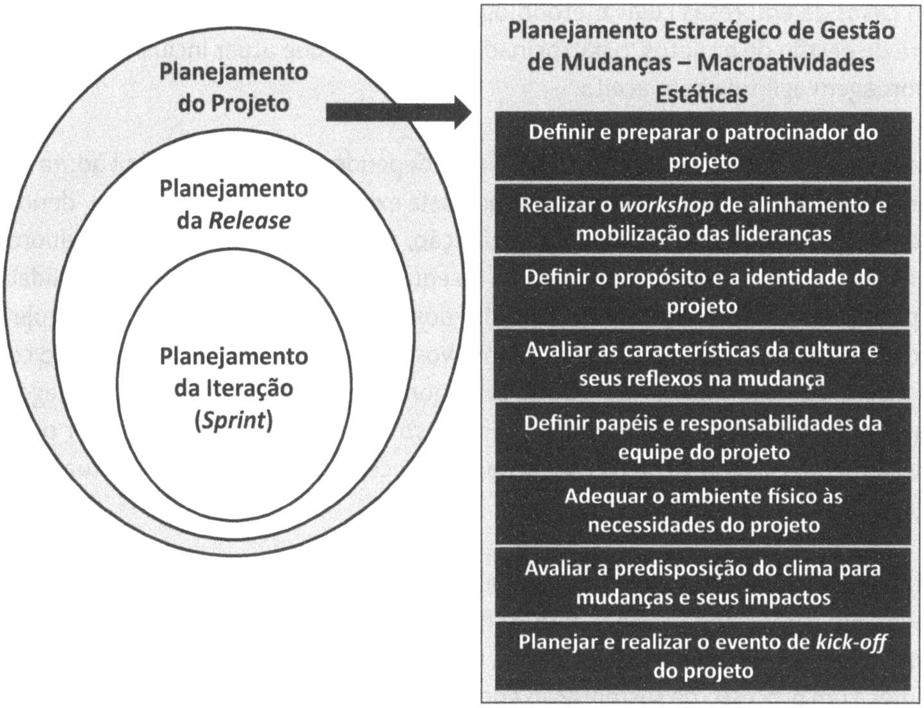

Figura 15.1. Relação entre planejamento do projeto e macroatividades estáticas do PEGM

15.1. Definir e preparar o patrocinador do projeto

Projetos ágeis também demandam patrocínio, uma vez que essa é a pessoa com poder e respaldo para demandar a mudança. Aliás, o próprio Manifesto Ágil menciona em seus princípios a figura do patrocinador como parte ativa de um projeto, quando cita: "processos ágeis promovem um ambiente sustentável. Os **patrocinadores**, desenvolvedores e usuários devem ser capazes de manter indefinidamente passos constantes".

O patrocinador, por definição, deveria ser o principal vendedor do projeto, persuadindo, comunicando, apoiando na gestão de conflitos, motivação para que o clima de engajamento e baixo antagonismo seja favorecido.

Como boa prática, lembramos que a troca de patrocinador é um risco que deve ser evitado sempre que possível. Daí a importância de se checar desde a definição do patrocinador se ele terá a disponibilidade necessária para apoiar a introdução das mudanças decorrentes do projeto. Isso por si só torna essa atividade estática em projetos com abordagens ágeis.

Em casos de empresas cujas metodologias lineares estão muito enraizadas na cultura de gestão de projetos, o patrocinador poderá ter que atuar inclusive para que a abordagem ágil seja bem aceita.

Uma peculiaridade sobre o patrocínio é que, dependendo do modelo ágil adotado, a cadeia de copatrocínio poderá ser facilitada pela existência de papéis como o "dono do produto, *Business Sponsors*, etc.". Por definição, a atuação dessas figuras nas abordagens ágeis é naturalmente mais próxima da equipe de projetos. Sua responsabilidade, especialmente na definição das prioridades dos ciclos de desenvolvimento do projeto, facilita a aplicação de processos participativos ampliando o comprometimento com os resultados esperados. A indução ao protagonismo dos líderes das áreas de negócio envolvidas é inerente aos modelos ágeis e isso é sem dúvida um facilitador para o engajamento e a ampliação da cadeia de copatrocinadores, que precisam atuar como agentes das mudanças.

Outro ponto a ser observado é que nas abordagens lineares o contato com o patrocinador, em geral, é menos frequente. Já nas abordagens ágeis o ciclo de implantação é quebrado em várias partes. Com isso, desde a implantação do primeiro ciclo você começa um processo de sustentação enquanto está desenvolvendo os demais ciclos. Frequentemente temos vários ciclos em produção, afetando diferentes *stakeholders*, com níveis de maturidade diversos em termos de engajamento. Essa é a típica situação que poderá demandar maior disponibilidade do patrocinador para apoiar a sustentação das mudanças.

Para que toda essa interação com o patrocinador funcione adequadamente, avalie bem se ele compreendeu a natureza do modelo ágil de gestão do projeto. O foco na preparação do patrocinador precisa ser redobrado em projetos ágeis de alto impacto, especialmente quando a cultura de gestão de projetos com modelos lineares é preponderante ou exclusiva.

Esse contato intenso com o patrocinador configura uma excelente oportunidade para o gestor de mudanças se tornar um conselheiro de estratégias de gestão de *stakeholders* e em última análise de implementação da estratégia organizacional no que diz respeito ao fator humano. Muitos profissionais de Gestão de Mudanças atuam exclusivamente nas atividades operacionais. Esse é um ponto de partida da carreira bastante natural, mas é na atuação estratégica que o gestor de mudanças pode trazer maior valor e ser percebido como um profissional diferenciado, essencial para o sucesso dos desafios inerentes às mudanças organizacionais.

Independentemente do modelo adotado para gestão do projeto, mudanças serão introduzidas e o engajamento dos *stakeholders* será em muito influenciado pela atuação do patrocinador. Dessa forma, todas as boas práticas apontadas no HCMBOK®, no que diz respeito ao patrocinador, são integralmente aplicáveis em projetos ágeis. Patrocinar um projeto e suas mudanças é uma atividade de liderança, muito mais do que gestão.

15.2. Realizar o *workshop* de alinhamento e mobilização das lideranças

Essa é uma das macroatividades que segue com as mesmas características tanto nas abordagens lineares como nas ágeis.

Mobilizar e alinhar as lideranças continua sendo necessário, não só para gerar o senso de urgência, como também para ajustar expectativas em relação às entregas do projeto e ainda em relação à própria abordagem ágil. Quando os modelos ágeis são uma novidade na organização, essa é uma excelente oportunidade para que você explique por que essa abordagem é importante e foi escolhida para a condução do projeto, o que muda em relação aos modelos tradicionalmente utilizados e como o projeto será desenvolvido. Ao falar do "como", aproveite para tratar da necessidade de envolvimento das lideranças na avaliação do *feedback* recebido pelos *stakeholders* e nas decisões em relação às prioridades dos ciclos de desenvolvimento do projeto.

John Kotter, em seu clássico livro "Leading Change" (2012), considerado por muitos a maior referência dos conceitos de Gestão de Mudanças, trata como um dos passos da mudança a criação de uma coalizão entre os *stakeholders*. Certamente uma única atividade não é capaz de criar essa coalizão, mas o *workshop* de alinhamento e mobilização das lideranças é um excelente passo para iniciar esse processo.

Ego, status, disputas de poder e agendas pessoais são alguns dos itens que mais alimentam antagonismos. Mesmo você desenvolvendo todas as atividades de Gestão de Mudanças com maestria, a reação dos *stakeholders* é sempre um desafio a ser enfrentado. Afinal, não estamos falando da instância lógica do ser humano, mas de questões ligadas aos aspectos psicológicos. A coalizão necessária para a mudança pode ser minada por esses quatro fatores, mas as técnicas de gestão de *stakeholders*, se bem aplicadas, mesmo que não sejam capazes de engajar, são eficazes para reduzir o poder de resistência à mudança dos *stakeholders* que se posicionam como antagonistas.

Um ponto de atenção a ser tratado no *workshop* é que o acompanhamento do projeto através de indicadores, metas e métricas difere na medida em que a sequência de entregas só será definida ao longo do planejamento de cada ciclo de desenvolvimento. Mesmo os indicadores relacionados às mudanças introduzidas pelo projeto, ainda que possam ser projetados, poderão ser ajustados, já que o produto ou serviço final ainda não estará totalmente definido e poderá mudar em função do *feedback* recebido pelos *stakeholders*.

15.3. Definir o propósito e a identidade do projeto

Quando falamos do fator humano, propósito é o que dá sentido à mudança, está relacionado com o "por que mudaremos" e, portanto, é um elemento essencial para estimular o engajamento dos *stakeholders*. O propósito está relacionado com o campo emocional e com a conexão das pessoas com a mudança. Já o objetivo, que corresponde a "o que mudaremos", é uma sentença que toca no lado racional da mudança.

Nas abordagens ágeis, o propósito é desenvolvido na camada de planejamento do projeto e servirá como um elemento essencial para dar sentido às mudanças que virão. Nossa abordagem aqui pressupõe uma definição menos pragmática e lógica, restrita apenas ao objetivo do projeto, mas uma definição de um propósito que seja capaz de tocar também na emoção das pessoas e estimular o engajamento.

Sabemos que o projeto, sendo conduzido com um modelo ágil ou tradicional, introduzirá mudanças na organização. Mesmo que seja um projeto para a criação de um novo serviço ou produto, trata-se de uma mudança que trará repercussões no fator humano e necessita de engajamento dos mais diversos *stakeholders* para que seja bem-sucedido. Considerando que o propósito da mudança está ligado aos objetivos estratégicos a serem alcançados, ainda que não saibamos com detalhes o escopo do serviço ou produto a ser entregue pelo projeto, este segue sendo um elemento-chave para comunicação e não deveria mudar ao longo do desenvolvimento do projeto.

Um bom propósito deve ser simples, uma sentença curta e direta capaz de tocar na emoção das pessoas. Uma boa prática essencial para a construção de um propósito é tomar uma perspectiva empática. Isto é, não importa como você, o *top management* e os demais membros do projeto veem a mudança. O propósito deve ser construído a partir da perspectiva dos *stakeholders* tocados pela mudança. Ressaltamos esse ponto com especial atenção, uma vez que um erro comum na construção do propósito é considerar a perspectiva da equipe do projeto ou mesmo do patrocinador e não a dos *stakeholders* que de fato serão afetados pelas mudanças. Atitude empática é tudo em Gestão de Mudanças. Só praticando a empatia você compreenderá a dor, a insegurança psíquica e as demandas dos outros, que provavelmente serão diferentes das suas e dos demais participantes do projeto.

O propósito pode começar com verbos como: transformaremos, construiremos, desenvolveremos, por exemplo, ou ainda com uma abordagem mais intimista falando dos sentimentos, tais como: temos orgulho, sentimos, faremos a diferença. A cultura organizacional é um fator importante para você escolher a abordagem que melhor se encaixa em cada caso.

Para ilustrar, citamos como exemplo um propósito que fez parte de um projeto de mobilidade urbana que faz parte de nossa experiência em consultoria. Trata-se de uma organização em que o orgulho de fazer parte é muito presente na cultura e no discurso dos funcionários. Uma grande obra de expansão estava em desenvolvimento e sua implantação afetaria em muito a organização inteira. Precisávamos de um propósito capaz de envolver e conectar centenas de colaboradores da organização. Ao realizarmos entrevistas com o corpo funcional, concluímos que dois elementos deveriam fazer parte do propósito: um era o orgulho de fazer parte e outro o impacto positivo que o projeto traria na qualidade de vida dos habitantes da cidade. O propósito foi definido de forma participativa com os membros do conselho gerencial do projeto com a seguinte sentença: "temos orgulho de fazer parte de um projeto que trará melhor qualidade de vida para a população de nossa cidade". Ato contínuo, o propósito foi amplamente divulgado pelas lideranças, alcançando todos os funcionários da organização e com grande repercussão no engajamento.

São diversas as técnicas que podem ser aplicadas para o desenvolvimento do propósito. Dentre elas destacamos:

- ✓ Coletar elementos da cultura organizacional, especialmente crenças que sirvam de conexão das pessoas com a mudança e compartilhar palavras-chave que descrevam esses elementos com a equipe de Gestão de Mudanças, incluindo ainda o gerente do projeto, patrocinador, RH e área de comunicação. A partir desse primeiro exercício, solicitar que a equipe se coloque no lugar dos *stakeholders* e crie pequenas sentenças que descrevam os motivadores da mudança. Com base nas primeiras sentenças, busque a essência da mensagem, palavras que aparecem diversas vezes nas sentenças elaboradas, frequentemente na forma de sinônimos, e comece a dar acabamento à obra junto com a equipe de comunicação.

- ✓ Usar de processos participativos mais abrangentes envolvendo um grupo representativo, como, por exemplo, membros dos comitês de gestão do projeto. Neste caso, divida o grupo em pequenos subgrupos de quatro ou cinco pessoas, discuta os elementos básicos que você capturou na avaliação da cultura organizacional e nas entrevistas com os *stakeholders*, mas deixe claro que esses são apenas elementos de inspiração. Novas ideias, desde que sigam o princípio da empatia, são sempre bem-vindas. Deixe que os grupos elaborem suas sentenças de propósito e as apresentem. Busque as conexões entre as sentenças criadas, quais são as palavras ou ideias que se repetem, e comece a discutir alternativas de reformatação das sentenças, desta vez de forma aberta. É possível que não chegue a uma sentença final nessa sessão, mas terá pelo menos um conjunto de palavras-chave que servirão para mais tarde, especialmente trabalhando junto com a equipe de projetos, RH e a área de comunicação, inspirar a formatação da sentença final.
- ✓ Quando o desenvolvimento do propósito estiver muito difícil, você pode ampliar a coleta de sugestões de forma empática e participativa realizando uma dinâmica com dezenas de *stakeholders*. Ainda que esta atividade esteja posicionada aqui no planejamento do projeto, nos casos em que a mudança é muito profunda, afetará grande quantidade de *stakeholders* de diferentes áreas da organização e você perceber que está difícil capturar os elementos que podem conectar as pessoas com a mudança, até mesmo no *kick-off* do projeto essa técnica pode ser aplicada. Neste caso, fale do objetivo do projeto e apresente o conceito de propósito. Ilustre com uma história e exemplos. Um bom gestor de mudanças deve ser um bom contador de histórias para reduzir a subjetividade de algumas das atividades, especialmente na interação com grupos. Deixe que as pessoas pensem individualmente, primeiro em seu propósito de vida, e tomem nota em um papel que não deve ser compartilhado. Esse é o propósito de vida de cada participante da sessão. Peça que eles não pensem muito. Apenas deixem as palavras fluírem. Cinco minutos é o necessário para essa parte da dinâmica. Essa primeira etapa já coloca as pessoas em um estado de conexão com suas emoções. Na sequência, peça que elas escrevam também em poucos minutos, sem racionalizar, apenas deixando fluir, as palavras-chave que as conectam com o objetivo do projeto. Colete as notas do público, que devem ser anônimas, e depois junte-as em grupos de afinidade. Um exemplo desses grupos seria: excelência, inovação, aprendizado, etc. Exclua os sinônimos e registre a incidência do total de palavras-chave nos grupos de afinidade. Na sequência, apresente para o comitê de gestão do projeto ou conselho esses grupos de afinidade e seu conteúdo sumarizado, excluindo aquelas que têm baixa incidência porque possivelmente têm baixa representatividade. Divida-os

em subgrupos e peça que eles construam sentenças com base no conteúdo coletado a partir de uma amostra significativa de *stakeholders*. Colete as quatro ou cinco opções criadas e dê acabamento à obra junto com a equipe de gestão de projetos, RH e comunicação.

Independentemente da abordagem utilizada para construção do propósito, a sentença definida deve ser apresentada e aprovada com o patrocinador e/ou comitê diretor do projeto. O propósito é uma parte importante da comunicação do projeto e deve ser amplamente divulgado assim que elaborado.

Quanto mais o propósito for desenvolvido a partir de *inputs* dados pelas pessoas tocadas pela mudança, maior a possibilidade de ele atender de forma empática à essência do que conecta as pessoas com as mudanças que serão introduzidas. O próprio uso de processos participativos já é uma boa prática para ampliar o engajamento. As pessoas sentirão que estão construindo juntas o processo de mudanças e isso é um grande estímulo para conectá-las com o que está por vir.

A identidade é uma composição de logo, *slogan*, marca, mascote e tudo mais que possa representar o projeto e as mudanças de forma visual para criar um senso de unidade e pertencimento. Também aqui temos um elemento que pode ser desenvolvido de forma participativa e que não deveria mudar ao longo do desenvolvimento dos ciclos do projeto. Pessoas são altamente conectadas através de uma identidade que traga sentido para o que estarão fazendo.

15.4. Avaliar as características da cultura organizacional e seus reflexos na mudança

Compreender a cultura organizacional e suas sutilezas é uma tarefa complexa que demanda avaliação de elementos táticos e explícitos que a compõem. Os elementos explícitos são visíveis e tangíveis, como, por exemplo, as cerimônias e os rituais, a declaração de valores da organização, etc. Os tácitos (ou implícitos) fazem parte do que realmente é cultivado como parte da cultura. Os tabus e mitos não são declarados, mas fazem parte da cultura e podem ter reflexo direto nas mudanças.

Frequentemente os valores declarados não são de fato os praticados. Valores praticados levam a condutas e comportamentos que de maneira tácita moldam a cultura organizacional. Esses são os mais difíceis de ser identificados, demandarão muita observação do gestor de mudanças e podem tomar tempo para ser percebidos. Uma empresa que declara "respeito pelo ser humano" como parte de seus valores, mas não mantém a infraestrutura do ambiente físico adequada para que seus colaboradores se sintam confortáveis e sejam produtivos, na verdade, tacitamente cultiva uma cultura inversa ao que explicita.

No HCMBOK® detalhamos esses elementos que aqui não listaremos para não sermos repetitivos.

Ainda que a cultura organizacional seja um elemento vivo em constante mutação, sua mudança é lenta e uma vez feita sua avaliação dificilmente você precisará revisá-la em função da implantação de um ciclo de desenvolvimento.

Há dois casos que configuram exceção à premissa citada:

- ✓ Quando há mudança nas lideranças com a chegada de pessoas com estilos muito diferentes dos antecessores.
- ✓ Quando ocorrem mudanças radicais nos processos de gestão de pessoas.

No primeiro caso, sua estratégia de patrocínio e formação da cadeia de copatrocínio pode ser afetada. Nessa situação, a preparação do patrocinador e o realinhamento com as demais lideranças novas poderá ser necessária.

No segundo caso, avalie se estratégias como, por exemplo, o uso de bonificações cruzadas entre líderes do projeto e líderes afetados pela mudança permanecem válidas. Vale investir algum tempo para checar se a estratégia para engajamento não foi de alguma forma afetada por essa mudança de modelo de gestão de pessoas.

Parte dos fatores de antagonismo e de engajamento é inspirada nos elementos da cultura organizacional avaliados. Ainda que a cultura não tenha sofrido alterações significativas durante o curso do projeto, esses fatores têm uma natureza dinâmica, pois ao relacioná-los você deve criar um plano de ação para maximizar aqueles que engajam e reduzir ou eliminar os que estimulam antagonismos. A alteração dos fatores de engajamento e antagonismo é dinâmica por sua natureza, independentemente da abordagem de gestão de projetos adotada, e será tratada mais adiante, pois a cada ciclo de implantação do projeto precisamos checar se as ações planejadas e realizadas foram eficazes.

15.5. Definir papéis e responsabilidades da equipe do projeto

A definição de papéis e responsabilidades deve ser abordada em duas dimensões:

- ✓ Estrutura interna da equipe de desenvolvimento do projeto.
- ✓ Modelo de governança externo ao projeto (organograma do projeto).

15.5.1. Definir a estrutura interna, papéis e responsabilidades da equipe do projeto (elaborar a matriz RACI)

As abordagens ágeis, em geral, já trazem uma definição prévia de papéis e responsabilidades da equipe do projeto.

Nas empresas que estão começando a usar abordagens ágeis, a clara definição e documentação de papéis e responsabilidades através de uma matriz RACI (sigla para *Responsible, Accountable, Consulted* e *Informed*) é uma atividade essencial, pois há diferenças significativas em relação aos modelos lineares. Essa definição servirá não só para alinhar a equipe do projeto, mas também para tornar claro para os níveis decisórios superiores as premissas de uma abordagem ágil. Para que uma abordagem ágil funcione adequadamente alguns paradigmas provavelmente terão que ser rompidos. Liberdade para que o dono do produto tome decisões em relação ao escopo do que será desenvolvido, gestão participativa de prazos e prioridades, equipes auto-organizáveis e autogerenciadas são algumas das características de abordagens ágeis que rompem com as antigas estruturas de poder e modelos de comando e controle, quase sempre difíceis de ser assimiladas.

Não raro encontramos organizações que adotam abordagens ágeis, mas não conseguem implementá-las integralmente em função de resistências daqueles que percebem nesse modelo uma ameaça a seu poder e status na organização. Nesses casos, teremos uma abordagem ágil adaptada à cultura organizacional. Haverá uma deturpação parcial das premissas da metodologia ou *framework* ágil adotado, mas que pode ser um passo inicial para que mais tarde evolua para um modelo onde o desconforto com a mudança seja menor do que os resultados obtidos com ela. Nesses casos é preciso muito cuidado, pois, ao adotar uma abordagem ágil e modificar restrições trazidas por um método ou *framework* testado e validado em larga escala, o resultado da aplicação dessa abordagem se torna aleatório e menos previsível.

Caso você esteja em uma situação semelhante, use a definição de papéis e responsabilidades para reforçar os conceitos da abordagem ágil de gestão de projetos, atue como um evangelizador do tema junto ao *management* da organização e mostre a importância de preservar pelo menos os princípios, os valores e as restrições inerentes à metodologia ou *framework* adotado.

Cada projeto é uma oportunidade de lapidação da cultura organizacional. Para a estruturação de uma organização ágil paradigmas terão que ser rompidos. Novos modelos de gestão e governança precisarão ser adotados. Como já vimos no Capítulo 7, uma organização ágil vai muito além de apenas adotar uma abordagem ágil de gestão de projetos. É preciso que a organização adote uma cultura orientada pelo pensamento ágil. A definição de papéis e responsabilidades na condução de projetos com abordagens ágeis é uma excelente oportunidade para levantar essa discussão.

Uma particularidade das abordagens ágeis é que algumas atividades que tipicamente são realizadas pelos gestores de mudanças podem encontrar convergência com atividades elencadas como parte das responsabilidades da equipe do projeto. Isso dependerá da metodologia ou *framework* ágil adotado.

Esse é o momento para endereçar essa questão, alinhar papéis e responsabilidades de forma participativa e documentar na matriz RACI, que é uma ferramenta importante para alinhamento e comunicação. Faça uma cópia e cole na parede. Assim não restarão dúvidas em relação aos papéis e responsabilidades dos participantes do projeto.

Ao definir claramente o que se espera de cada um, além de melhorar o foco e evitar desperdícios de tempo, evitam-se também os conflitos a respeito das atividades do projeto. A transparência é um dos pilares dos processos empíricos, que sustentam muitas abordagens ágeis.

Dentre as diversas atividades que podem convergir entre o papel do gestor de mudanças e de outros componentes da equipe de um projeto conduzido com abordagem ágil, destacamos:

- ✓ Comunicação.
- ✓ Gestão de conflitos.
- ✓ Formação do espírito de equipe.
- ✓ Reconhecimento, motivação e celebrações.

Mesmo que a equipe decida que você não será responsável por alguma dessas atividades, isso não o impede de participar ativamente com sugestões e apoio. Provavelmente, você que teve treinamento em Gestão de Mudanças é a pessoa mais bem preparada e mais experiente em relação aos temas humanos. Seu foco deve estar no sucesso do projeto e não nas glórias pessoais.

Ainda que você não seja formalmente o responsável pela comunicação, por exemplo, lembre-se de que você não deixará de ser um agente de mudanças e vendê-las é parte de sua missão. Perceber a necessidade de comunicações extraordinárias, não planejadas, que não fazem parte dos rituais regulares de comunicação do projeto, é um exemplo claro de sua atuação como gestor de mudanças em parceria com membros da equipe do projeto.

A abordagem de Gestão de Mudanças é composta por diversas atividades e especialmente pelo cuidado com a gestão do fator humano, que não encontra parâmetro de atuação consistente em nenhuma abordagem ágil. O pensamento humano da Gestão de Mudanças passa por atividades que buscam continuamente dar segurança psíquica aos *stakeholders*, evitar potenciais impactos negativos do luto antecipatório, compreender e endereçar a causa-raiz do desconforto humano com as mudanças, criar conexões com as pessoas e atuar de forma empática privilegiando um modelo de comunicação no qual ouvir é mais importante do que falar. Cabe lembrar ainda das táticas de gestão de antagonismos e do desenvolvimento de estratégias para sustentação das mudanças. Esses são exemplos de atividades desenvolvidas pelo gestor de mudanças que não são endereçadas por nenhuma abordagem ágil de gestão de projetos, mas que são essenciais para o sucesso das mudanças.

A recomendação de discutir claramente papéis e responsabilidades do gestor de mudanças no **PEGM**, na verdade, vale para todas as atividades potencialmente convergentes com membros da equipe de projetos conduzidos com abordagens ágeis. Sua meta deve ser se transformar em um grande pilar de apoio da equipe do projeto em todas as atividades nas quais seu perfil e experiência podem ser úteis, mesmo que em última análise você não seja o responsável por elas.

15.5.2. Modelo de governança (definir o organograma do projeto)

Ainda que algumas abordagens ágeis tratem apenas da estrutura interna com papéis e responsabilidades da equipe de projetos, entendemos que o modelo de governança é um fator crítico de sucesso para qualquer empreitada. Da mesma forma que o patrocinador, que é a camada superior da estrutura organizacional do projeto, as demais camadas também serão relevantes para o engajamento de outros *stakeholders* e para a tomada de decisão em níveis estratégicos e táticos. No caso dos que usam o *framework Scrum*, por exemplo, o empoderamento do "dono do produto" para tomada de decisão em relação às entregas do projeto, na prática, não significa que não haverá a necessidade de envolvimento de níveis organizacionais superiores para determinadas decisões estratégicas.

Desenvolver uma estrutura organizacional para governança do projeto não conflita com os princípios de auto-organização e no extremo de autogerenciamento das abordagens ágeis. Estamos falando de camadas externas, que não estão ligadas diretamente ao desenvolvimento do projeto, mas que tomam decisões que podem envolver, por exemplo:

- ✓ Patrocínio da abordagem ágil escolhida para desenvolvimento do projeto, assegurando todos os recursos e comportamentos necessários para sua viabilização.
- ✓ Comunicação com a organização, gestão de conflitos envolvendo *stakeholders* de alta hierarquia, engajamento e gestão de antagonismo dos *stakeholders*.
- ✓ Questões estratégicas especialmente em relação ao alinhamento da evolução do projeto com a estratégia da organização e fatores externos, tais como: mercadológicos, socioambientais e políticos.
- ✓ Avaliação de situações inesperadas que podem levar a suspensão, paralisação ou prosseguimento do projeto.

É preciso lembrar que o projeto é um meio de alcançar as mudanças esperadas na organização e não um fim em si. É através da estrutura organizacional e do modelo de governança que mantemos as atividades do projeto conectadas com a organização e sua estratégia. Ao definir a estrutura organizacional do projeto, além de deixarmos claros os níveis de decisão de cada camada, criamos um ambiente potencialmente mais favorável ao engajamento de *stakeh*olders importantes para o sucesso das mudanças. Todos que entram na estrutura definida passam a ter um papel de protagonismo formal em relação ao resultado do projeto e das mudanças por este introduzidas.

Na abordagem do HCMBOK® propomos sempre a estrutura mais simples possível para que a tomada de decisão flua de maneira contínua, rápida e adequada ao tempo do projeto. Projetos complexos, que venham a afetar diversas áreas da organização, podem demandar uma estrutura organizacional envolvendo pelo menos dois níveis de decisão externos à governança do projeto. Já em projetos departamentais, de menor complexidade, por vezes apenas um nível decisório na estrutura organizacional é suficiente.

Dependendo da metodologia ou *framework* adotado, a figura do gerente de projetos pode não existir. Em seu lugar, as atividades de gestão serão distribuídas por outros papéis, tais como: o "dono do produto", *Scrum Master* e equipe de desenvolvimento. Esse cenário é mais provável em projetos de menor porte e complexidade.

Nas abordagens ágeis que consideram a figura do gerente ou do líder de projetos, o papel e as responsabilidades deste podem variar bastante de acordo com a escala e complexidade da empreitada. Certamente a cultura organizacional também terá influência sobre essa definição. O gerente do projeto pode assumir funções de gestão de prazo, risco, custo, qualidade, integração com outras áreas ou departamentos, comunicação com níveis superiores, mediação de conflitos principalmente com *stakeholders* externos ao projeto, coordenação da gestão das mudanças organizacionais (junto com o gestor de mudanças), etc. Embora no mundo real pareça não haver um consenso sobre papéis e responsabilidades do gerente de projetos, há uma tendência de que a gestão das atividades no ambiente interno de desenvolvimento do projeto seja realizada por membros da equipe do projeto, inclusive em relação ao produto e serviço a ser desenvolvido. O papel do gerente de projetos nesse caso estaria mais ligado à macrogestão, atuando como um elo de conexão com o gerente do programa, se for o caso, PMO e altos níveis hierárquicos da organização.

Nas figuras a seguir apresentamos duas alternativas de estrutura organizacional para a governança de um projeto com abordagem ágil. Cabe ressaltar que esses são apenas exemplos ilustrativos, mas não exaustivos. O melhor modelo a ser adotado no seu projeto é aquele que respeita o nível de maturidade da abordagem ágil adotada, a complexidade do projeto e a cultura organizacional. Na primeira figura consideramos a hipótese de um projeto conduzido com abordagem ágil sem a presença do gerente do projeto. Na seguinte apresentamos a opção com o gerente ou líder do projeto. Em ambas não dispensamos a atuação do gestor de mudanças em sua atuação estratégica no modelo de governança de projetos, a fim de que as questões humanas sejam adequadamente endereçadas.

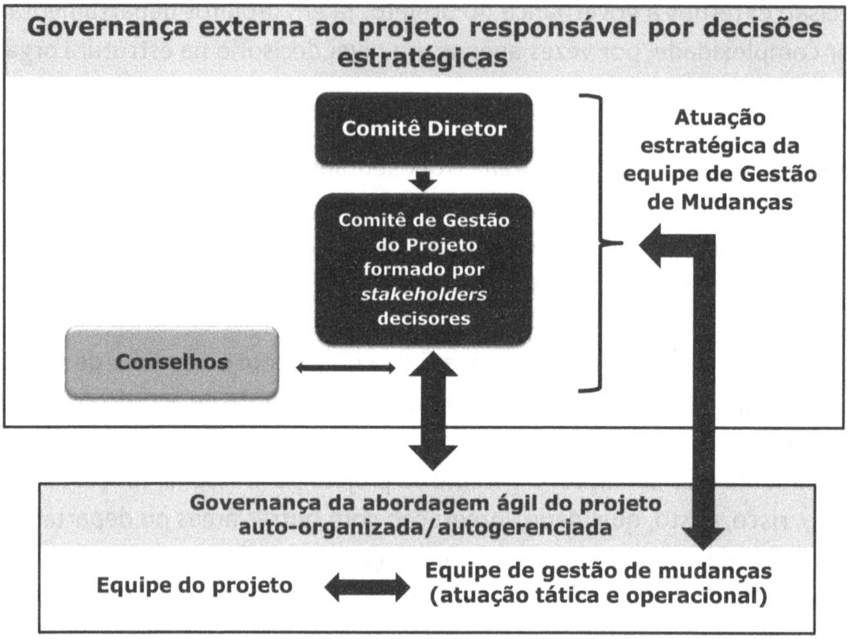

Figura 15.2. Estrutura organizacional de abordagens ágeis sem o gerente do projeto

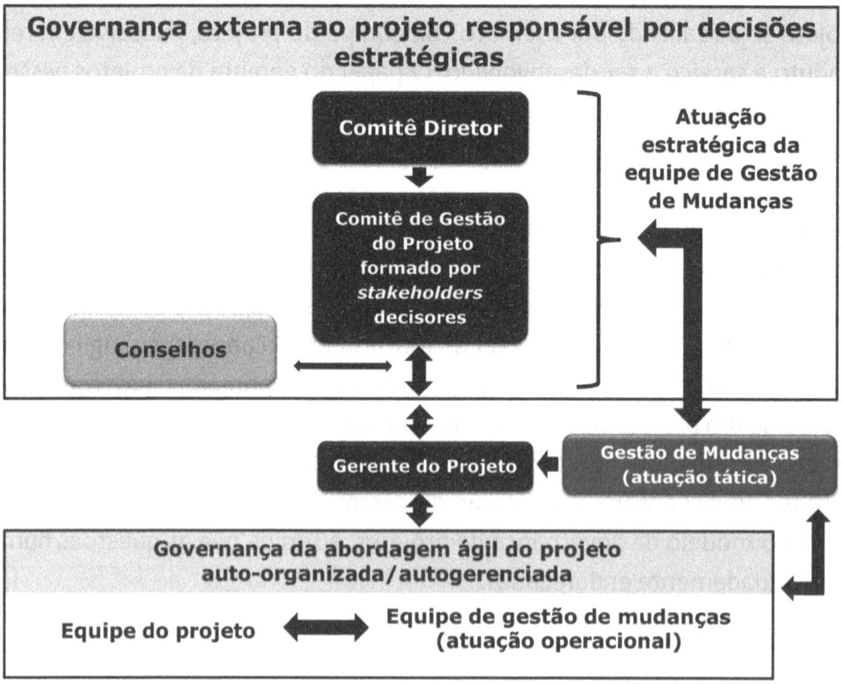

Figura 15.3. Estrutura organizacional em abordagens ágeis com o gerente do projeto

Note que, em ambos os casos, na instância de governança externa ao projeto, preservamos os comitês de gestão e ainda a eventual necessidade de se lançar mão de conselhos (técnicos, gerenciais, etc.). Em ambos os modelos preservamos a atuação estratégica da Gestão de Mudanças, uma vez que consideramos esse um fator essencial para que o projeto de fato entregue os objetivos estratégicos esperados – e sem incluir o fator humano, em nosso ponto de vista, isso não é possível. Papéis e responsabilidades da governança externa ao projeto são compostos por figuras organizacionais que seguem os mesmos princípios e modelos descritos no HCMBOK®.

15.6. Adequar o ambiente físico às necessidades do projeto

O ambiente físico tem tremendo impacto na equipe de projetos. Particularmente nos modelos ágeis, a comunicação é algo essencial que funciona bem melhor em um ambiente físico que comporte a equipe do projeto e a mantenha integrada. Projetos de alta complexidade podem trazer desafios como a necessidade de gerir diversas equipes dispersas geograficamente que estão desenvolvendo *Releases* ou iterações simultaneamente. Por vezes as equipes podem até mesmo estar em diferentes países, o que demandará cuidado em relação à integração contínua, ao espírito de cooperação e ao sincronismo das atividades. Lançar mão de meios de comunicação virtualizados em tempo real pode ser uma solução viável para minimizar os efeitos da distância física.

Este é um ponto do Plano Estratégico de Gestão de Mudanças que precisa ser tratado antes do início dos ciclos de desenvolvimento. É possível que a adequação do ambiente físico demande algum investimento. Nesse caso você precisará incluir esse item no orçamento do projeto.

Em projetos desenvolvidos com abordagens ágeis é possível que você tenha ciclos que envolvam menos pessoas e outros que necessitarão de uma equipe maior. Dependendo da abordagem ágil adotada, em alguma fase pode haver mais de uma equipe trabalhando em sincronismo, em geral formadas por 6 a 12 integrantes. Quando falamos de equipes estamos considerando não só os que estão envolvidos no desenvolvimento de serviços ou produtos, mas também pessoas que farão parte dos testes e aprovação, treinamento, etc.

Então pense grande, considere a possível necessidade de ampliação de um espaço que pode ser adequado para o início do projeto, mas também às demandas futuras. Inclua todas as necessidades identificadas no orçamento do projeto, pois esse é o momento de discutir questões técnicas, mas também humanas, em relação ao bom andamento do projeto.

15.7. Avaliar a predisposição do clima para mudanças e seus impactos

A predisposição do clima para mudanças é um grande insumo para definição de fatores de antagonismo e engajamento, que trataremos mais adiante. Temos aqui duas atividades essenciais que devem ser ajustadas para os projetos nos modelos ágeis:

- ✓ Avaliar maturidade para lidar com perdas.
- ✓ Avaliar nível de confiança da equipe.

A avaliação que fazemos nesta atividade está relacionada às mudanças previstas em função dos objetivos estratégicos almejados. Portanto, essa é uma atividade que não está exclusivamente relacionada a abordagens ágeis.

15.7.1. Avaliar maturidade para lidar com perdas

No caso das abordagens ágeis, o desafio é o mesmo: avaliar do ponto de vista organizacional e individual qual o nível de maturidade para lidar com as perdas inerentes à mudança.

Mesmo que você esteja trabalhando no desenvolvimento de algo totalmente novo na organização, alguém poderá ter a percepção de perda. Pode ser a perda de relevância de suas tarefas atuais ou mesmo a perda de sua própria relevância no contexto organizacional. Pessoas que percebem as mudanças como perdas, mesmo que não estejam diretamente envolvidas em sua implementação, podem atuar como fortes antagonistas que nos bastidores minam o projeto influenciando outros *stakeholders*.

Ao realizar a avaliação de maturidade para lidar com perdas no âmbito organizacional, use elementos como:

- ✓ Cultura da empresa.
- ✓ Tempo em que a tarefa ou atividade está funcionando da mesma forma (quando cabível).
- ✓ Resiliência organizacional.
- ✓ Histórico anterior de perdas.

Considere ainda avaliar o histórico de experiências bem ou malsucedidas usando a abordagem ágil que você está adotando. Especialmente quando o tema ágil ainda não está totalmente consolidado na cultura organizacional, a resistência maior poderá estar relacionada não à mudança em si, mas ao modelo adotado para implementá-la.

Nesses casos, a equipe do projeto ou equipes que conduzem outros projetos com abordagens lineares podem ser seus principais antagonistas em função das tradicionais questões ligadas a ego, status, poder e agendas pessoais.

Ao realizar a avaliação de maturidade para lidar com perdas no âmbito individual, foque nos *stakeholders* decisores, pois provavelmente não será possível você entrevistar os demais. Avalie:

- ✓ Geração a qual pertence o indivíduo (considere aqui que uma pessoa da geração X, por exemplo, pode ter comportamentos típicos da geração Y e vice-versa. Não se prenda à idade do indivíduo, mas aos aspectos comportamentais).
- ✓ Conexão com o que irá mudar.
- ✓ Estilos pessoais.
- ✓ Estilo de liderança.

Considere também avaliar o quanto a introdução de uma mudança através de modelos ágeis pode incomodar alguns *stakeholders* no âmbito individual. Para muitas empresas que adotaram durante anos ou mesmo décadas abordagens lineares de gestão de projetos, a grande mudança pode ser justamente o uso de abordagens ágeis. Mais uma vez, fatores como ego, status, poder e agendas pessoais podem ser os verdadeiros motivadores de antagonismos. Nesses casos, não será a mudança em si o seu principal problema, mas o sucesso daqueles que estão fazendo parte de um projeto que está mudando a maneira como a empresa implementa sua estratégia.

Para apoiar sua avaliação de maturidade para lidar com perdas use um *script* preconcebido e tome notas durante ou logo após as entrevistas. Discuta suas percepções com a equipe do projeto, RH e patrocinador e outras pessoas que formam a equipe de Gestão de Mudanças. Quanto mais você escutar diferentes perspectivas, menor será a subjetividade inerente a essa atividade.

15.7.2. Avaliar nível de confiança da equipe

O nível de confiança da equipe determinará o quanto seus componentes estarão dispostos a tomar riscos e topar desafios.

Note que essa avaliação deve ser feita em pelo menos três níveis:

- ✓ Confiança em seu líder direto.
- ✓ Confiança no líder do projeto e patrocinador.
- ✓ Confiança na organização.

Em projetos com abordagens ágeis aplicados em organizações nas quais a cultura de gestão de projetos com modelos lineares está muito arraigada, a confiança pode ser abalada pela própria abordagem adotada. Além disso, dependendo da metodologia ou *framework* adotado, premissas como equipes auto-organizáveis ou mesmo auto-gerenciáveis podem representar uma forte ruptura nos paradigmas organizacionais. Esses modelos demandam muita coragem da equipe para assumir riscos nas tomadas de decisões e por vezes as pessoas simplesmente não estão preparadas para tanto. Pessoas assumem riscos organizacionais quanto têm alto nível de confiança em seus líderes.

Organizações que se caracterizam por estruturas organizacionais modeladas para estabelecer uma relação de comando e controle encontram muita dificuldade para implantar abordagens ágeis, especialmente em relação à liberdade para tomada de decisão descentralizada, típica de equipes auto-organizáveis e autogerenciáveis. Nesse grupo de organizações encontramos com frequência desde empresas tradicionais e familiares até aquelas que precisam seguir regras muito restritas de *compliance*, com responsabilidades concentradas em determinados níveis organizacionais.

Dependendo da abordagem ágil adotada, os papéis e responsabilidades da equipe de projeto diferem muito das metodologias lineares de gestão de projetos. Até mesmo a figura do gerente de projetos pode não existir. Nesse contexto, conquistar um alto nível de confiança da equipe de projetos passará por uma mudança cultural que demandará muito patrocínio e ajustes comportamentais das lideranças.

Apesar de situarmos essa atividade como estática, fique atento, pois o nível de confiança pode variar caso as lideranças apresentem comportamentos dúbios ou os líderes sejam substituídos ao longo do projeto. Em alguns casos o líder de um ciclo de desenvolvimento pode variar em função do escopo selecionado para ser implantado. Tente se antecipar e avaliar de uma só vez o nível de confiança nos líderes de cada ciclo. Ainda que você não saiba antecipadamente a sequência de desenvolvimento dos ciclos, as lideranças envolvidas com cada parte do produto ou serviço a ser desenvolvido podem ser antecipadamente identificadas.

Baixos níveis de confiança na organização são frutos de cicatrizes organizacionais deixadas por decisões ambíguas ou mudanças radicais malsucedidas. Perder a credibilidade organizacional é fácil. Recuperá-la é um exercício de muita paciência que demandará tempo e possivelmente a troca de alguns líderes relacionados com os traumas causados.

Uma técnica que pode ser aplicada para reduzir a desconfiança, seja na organização ou nas lideranças, é aproximar os líderes das equipes do projeto. Estimule-os a falar dos eventos passados e a deixar claro por que eles ocorreram e o que será feito diferente dessa vez. Em muitos casos as decisões não comunicadas ou com comunicação deficiente são a causa-raiz de cicatrizes organizacionais. Nunca é fácil recuperar a confiança da equipe, mas é seu papel como gestor de mudanças eliminar tanto quanto possível qualquer nível de insegurança psíquica em todos os *stakeholders*, começando pela equipe do projeto. Para conseguir apoio para essa atividade, converse francamente com o patrocinador e demais líderes envolvidos. Mostre que não importa quem está certo ou errado. A equipe precisa de segurança para estar confiante e o passado não pode ser alterado, mas pode ser contextualizado sob uma perspectiva que as pessoas anteriormente não tinham.

15.8. Planejar e realizar o evento de *kick-off* do projeto

O *kick-off* é um marco do início da execução do projeto. Esse evento tem ainda diversos outros objetivos amplamente explorados no HCMBOK®, mas podemos resumir sua finalidade essencial como a comunicação inicial da jornada do projeto e das mudanças que virão, bem como uma oportunidade de mobilização dos *stakeholders* que farão parte da equipe do projeto ou que serão afetados diretamente pelas mudanças.

Enquanto nos projetos conduzidos com abordagens lineares nesta etapa apenas planejamos o *kick-off* e o realizamos no início da etapa de execução, nos modelos ágeis esse evento deve ser planejado e realizado antes mesmo que se inicie o planejamento da *Release* que irá compor o primeiro ciclo de desenvolvimento do projeto. Note que aqui ajustamos o nome dessa macroatividade para "Planejar e realizar o evento de *kick-off* do projeto", fundindo assim duas macroatividades do HCMBOK®: a primeira, que trata do planejamento, e a segunda, que trata da realização do evento.

A alteração na sequência desta atividade se faz necessária, pois nas abordagens ágeis, logo após o planejamento do projeto, entraremos no planejamento da *Release*, que caracteriza o início propriamente dito da execução do projeto do ponto de vista da mobilização dos *stakeholders*.

É preciso ainda considerar que em alguns casos o uso de abordagens ágeis é pouco conhecido ou não está totalmente institucionalizado. Nesses casos, apresentar a filosofia e o modelo de aplicação da abordagem ágil adotada é imprescindível, não só para o esclarecimento de como o projeto será desenvolvido, como também para inserir esse modelo na cultura de gestão de projetos da organização. Aproveite o *kick-off* para explicar também por que o projeto será desenvolvido com um modelo ágil e como será o processo participativo de decisão das prioridades que formarão cada ciclo de desenvolvimento do produto ou serviço em questão.

Não perca essa oportunidade para que o patrocinador mostre que está apoiando a mudança e também o modelo de implementação ágil adotado.

16. Planejamento da *Release* e da Iteração

Nosso foco neste livro está restrito à abordagem da Gestão de Mudanças em modelos ágeis. Não nos aprofundaremos aqui nos rituais e detalhes do planejamento da *Release* nem da iteração, pois nosso propósito não é escrever um livro sobre métodos ágeis. Os breves conceitos dos modelos ágeis aqui apresentados são meramente didáticos, para que seja possível correlacioná-los com a abordagem de Gestão de Mudanças.

O Plano de *Releases* contempla as entregas incrementais previstas para o produto ou serviço ao longo de um dado período. Seu ritual consiste de uma reunião participativa com todos os membros do projeto e eventualmente pode contar com *stakeholders* de outras áreas da organização que de alguma forma serão impactadas.

Uma *Release* pode conter uma ou mais iterações que ao serem entregues de forma incremental tornarão uma *Release* completa. As iterações são detalhadas no planejamento das iterações e não no planejamento da *Release*. A conclusão de uma iteração e de uma *Release* provoca o *feedback* dos *stakeholders*, que, por sua vez, influenciará em um próximo ciclo de planejamento.

É a entrega de uma *Release* que, se aprovada, levará uma parte do produto ou serviço em desenvolvimento à etapa de implantação, tornando-o disponível para uso dos *stakeholders*.

Ao planejar a reunião que gerará o Plano de *Releases*, devemos considerar a relevância dos processos participativos e de cocriação como uma excelente estratégia para engajamento dos *stakeholders*. Quando for possível, discuta a possibilidade de participação de *stakeholders* que não atuam diretamente na equipe do projeto, mas são formadores de opinião e influenciadores do engajamento de outras pessoas. Selecione com cuidado junto com o líder do projeto aqueles que eventualmente devam ser convidados. Incluí-los nessa reunião ampliará a percepção de conexão com o projeto e ajudará na assimilação das mudanças que futuramente serão introduzidas na organização. Dê um toque humano aos aspectos técnicos e metodológicos ritualísticos das abordagens ágeis para promover o engajamento.

Lembre-se de que o Mapa de *Stakeholders* é uma ferramenta de apoio na tomada de decisão e que aqueles que não forem selecionados para participar da reunião também precisam entender por que não participarão. Ficar de fora de um processo participativo pode gerar desconforto para alguns *stakeholders*, especialmente se você não se comunicar com eles esclarecendo os critérios usados para a seleção dos participantes. Caso você perceba que algum *stakeholder* ficou muito incomodado por não ter sido selecionado, tente compreender suas emoções, perguntando como ele se sente em relação a essa questão. Em alguns casos, repensar a decisão e convidá-lo a participar pode evitar que esse desconforto acirre algum potencial antagonismo.

Um dos fatores que, do ponto de vista da Gestão de Mudanças, devemos levar para discussão no planejamento da *Release* é a adesão provável dos *stakeholders* que serão afetados pelas mudanças introduzidas pelo projeto. Esse é um viés típico do "olhar" da Gestão de Mudanças que pode influenciar na composição de uma *Release*.

É através da execução das *Releases* e iterações que a compõem que receberemos *feedbacks* para validação, aprimoramento ou mesmo o descarte de uma parte do produto ou serviço em desenvolvimento.

Em projetos de grande escala as reuniões podem ter dezenas de pessoas e levar mais de um dia. A participação intensiva da equipe do projeto na reunião de planejamento da *Release* não só torna o plano mais preciso, como proporciona integração e estimula o pertencimento e o alinhamento de todos com o que está por vir. Um dos efeitos positivos é gerar maior segurança psíquica não só na equipe de projetos, mas também nos demais *stakeholders*.

17. Macroatividades dinâmicas do PEGM

Deste ponto em diante trataremos das macroatividades dinâmicas do Plano Estratégico de Gestão de Mudanças. Essas macroatividades devem ser desenvolvidas junto com o planejamento da primeira *Release* e revisadas dinamicamente quando do recebimento de *feedbacks*, que ensejarão definições ou revisões do planejamento das *Releases* ou iterações. Note que, dada a natureza dinâmica dessas macroatividades, devemos imprimir o mínimo esforço e tempo possível em sua realização, uma vez que elas provavelmente serão revistas ao longo dos ciclos de desenvolvimento de *Releases* e iterações. Mínimo esforço e tempo não quer dizer correria nem superficialidade, mas, sim, acertar o ponto necessário e sempre se questionar: eu preciso dessa informação agora? Eu terei que buscar essa informação novamente no futuro? A informação que eu terei agora será útil neste momento ou no futuro? Tenho o suficiente ou preciso de maior profundidade?

Faça o mapeamento dos *stakeholders*, por exemplo, mas não invista muito tempo em identificar todos os *stakeholders* no primeiro momento. Foque nos decisores, influenciadores diretos e naqueles que serão afetados no desenvolvimento da próxima *Release*.

Outro exemplo que podemos usar é em relação ao levantamento de expectativas. Foque inicialmente nos *stakeholders* decisores e a cada ciclo de desenvolvimento amplie a identificação e o alinhamento de expectativas para os demais. Entrevistar *stakeholders* que você não sabe quando serão afetados pelas mudanças pode ser um desperdício de tempo. Quando eles forem realmente envolvidos no projeto, as expectativas poderão ser outras, e certamente você terá que voltar a essa macroatividade mais adiante para falar com as mesmas pessoas.

O único cuidado que você precisa ter é deixar claro que a decisão em relação aos *stakeholders* que serão ouvidos em cada momento foi tomada para usar o tempo de todos da melhor maneira possível. Se você não tiver esse cuidado de comunicar as peculiaridades da Gestão de Mudanças em abordagens ágeis, é possível que alguns *stakeholders* se sintam desconfortáveis, uma vez que não foram ouvidos como os outros. Deixe claro que tudo virá no tempo certo e se você perceber que alguém está demasiadamente ansioso para ser ouvido, aborde-o e ouça-o. Esse *stakeholder* está dando um sinal claro de sua necessidade de falar, e, neste caso, o que menos importa é o padrão metodológico. Coloque o ser humano, com toda sua complexidade, na frente de qualquer abordagem metodológica e você terá muito mais chance de ser bem-sucedido na gestão das mudanças.

Na figura a seguir demonstramos o processo de interação entre as etapas do desenvolvimento no modelo ágil com as atividades dinâmicas do Plano Estratégico de Gestão de Mudanças.

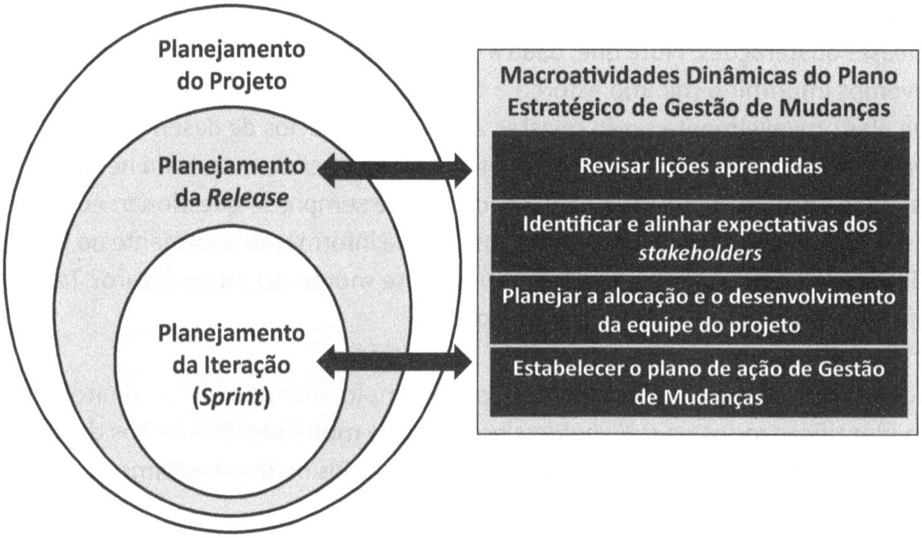

Figura 17.1. Integração do planejamento da *Release* e macroatividades dinâmicas do Plano Estratégico de Gestão de Mudanças

17.1. Revisar lições aprendidas

Um dos princípios do Manifesto Ágil endereça de forma clara a importância desta macroatividade: "em intervalos regulares, o time reflete em como ficar mais efetivo, então ajustam-se e otimizam seu comportamento de acordo".

Quando falamos de lições aprendidas precisamos dividi-las em dois grupos:

- ✓ Lições aprendidas em projetos e mudanças anteriores e registradas no Mapa de Lições Aprendidas.
- ✓ Lições aprendidas na execução de cada ciclo de desenvolvimento de *Releases* e iterações do modelo ágil.

As lições aprendidas em projetos e mudanças anteriores são uma fonte valiosa de informações que devem ser consideradas e que poderão ter influência direta no planejamento do projeto e da gestão estratégica da mudança. Todo projeto é uma grande oportunidade de aprendizado, mas é comum vermos as lições serem bem documentadas, porém não realmente aprendidas. Para serem aprendidas elas precisam ser revisadas e praticadas a fim de evitar que os mesmos erros se repitam e que boas práticas sejam desconsideradas ou reinventadas.

Cabe aqui mencionarmos uma peculiaridade do mundo ágil. Enquanto nas abordagens lineares de gestão de projetos as lições aprendidas trazem grande previsibilidade em relação aos resultados esperados, nas abordagens ágeis as lições aprendidas não podem ser utilizadas como fonte de estabelecimento de uma relação de causa e efeito absoluta e literal. Abordagens ágeis se encaixam em um contexto de imprevisibilidade em relação ao formato final da solução que será apresentada pelo projeto. O conjunto de lições aprendidas exercerá influência sobre o projeto e a gestão das mudanças, mas exigirá alta flexibilidade e adaptabilidade na sua aplicação. É comum lançarmos um olhar crítico sobre as lições aprendidas justamente como forma de aprender, criticando-as, reescrevendo-as dinamicamente, acrescentando alternativas e exemplos que farão parte do processo de melhoria contínua. No mundo ágil, teremos quase sempre mais perguntas do que respostas, e essa talvez seja a lição número 1 a ser considerada quando aplicamos abordagens ágeis.

As lições aprendidas durante a execução de cada ciclo de desenvolvimento do projeto emergem das reuniões da equipe do projeto, mas também dos *feedbacks* colhidos com demais *stakeholders*. Dependendo da metodologia ou *framework* ágil a ser adotado, as discussões acerca das lições aprendidas pela equipe podem ser oriundas de diferentes rituais, tais como:

- ✓ Reuniões diárias da equipe do projeto.
- ✓ Retrospecto da iteração.
- ✓ Inspeção do produto/incremento do produto.
- ✓ Avaliação da *Release* entregue.

Muitas das lições aprendidas, do ponto de vista da Gestão de Mudanças, também podem ser colhidas durante a sustentação da mudança, através dos *workshops* de melhorias contínuas, que ocorrem quando uma *Release* é implantada. Entrevistas formais e pesquisas também podem ser aplicadas quando há um grande número de *stakeholders* a serem ouvidos; entretanto, nada substitui o contato direto com os *stakeholders*, individualmente ou em grupos focais.

A cada ciclo desenvolvido as lições devem ser compiladas e discutidas com a equipe do projeto e até mesmo com patrocinador, comitês e conselhos. Sua influência pode ser direta no aprimoramento e ajuste do produto ou serviço em desenvolvimento e particularmente na maneira como a equipe está trabalhando, conduzindo o projeto e introduzindo as mudanças.

Note que lições aprendidas não tratam apenas do que deu errado. Boas práticas adotadas que trouxeram bons resultados também merecem ser discutidas para que sigam sendo aplicadas e se consolidem no modelo de desenvolvimento de projetos e mudanças.

Lições aprendidas fazem parte do DNA das abordagens ágeis. Os rituais de discussão são conduzidos de forma participativa com periodicidade até mesmo diária, dependendo da abordagem ágil aplicada. Isso ajuda muito no processo de aprendizagem e melhoria contínua, pois as lições tendem a não ser apenas documentadas, mas também rapidamente aplicadas. A responsabilidade pela coordenação dessa atividade dependerá muito da abordagem ágil de gestão do projeto e da cultura organizacional. O importante do ponto de vista da Gestão de Mudanças é que as lições aprendidas sejam documentadas e praticadas – e aquelas que podem enriquecer a base de lições aprendidas em projetos devem ser compartilhadas com o responsável por mantê-la. O PMO por vezes é quem faz esse papel, mas essa responsabilidade pode estar em outra área. O fato é que o foco da equipe de projetos está em seu desenvolvimento e você, como gestor de mudanças, deve pensar não só no projeto, mas no processo de transformação organizacional que implica em mudanças contínuas.

17.2. Identificar e alinhar expectativas dos *stakeholders*

Na abordagem do HCMBOK® as expectativas em relação aos produtos e serviços a serem desenvolvidos não são uma macroatividade específica, pois são colhidas através de eventos como entrevistas com o patrocinador e os principais *stakeholders* e discutidas no *workshop* de alinhamento e mobilização das lideranças. Na medida em que um projeto conduzido com uma abordagem linear avança e o desenho conceitual do produto ou serviço é aprovado, as expectativas são revistas e eventualmente realinhadas.

O uso de abordagens ágeis exige um pouco mais de cuidado com a gestão das expectativas. A definição detalhada do produto ou serviço se dará de forma iterativa e incremental com base nas definições dos usuários e do *feedback* recebido pelos *stakeholders*. Os objetivos estratégicos que motivaram a empreitada e foram validados no *workshop* de alinhamento e mobilização das lideranças não devem mudar, mas a maneira com que eles serão alcançados só é definida pouco a pouco ao longo da evolução do projeto. Por isso, quando falamos de Gestão de Mudanças aplicadas a projetos conduzidos com modelos ágeis, optamos por criar uma macroatividade específica para essa finalidade.

As expectativas estão relacionadas não só ao produto e serviço a ser desenvolvido, suas características, funcionalidades, regras de negócio, problemas atuais que serão resolvidos, etc., mas também em relação à adoção das mudanças e de aspectos comportamentais dos *stakeholders*. Aproveite para identificar entre as expectativas levantadas aquelas que poderão servir como indicadores de **prontidão para as mudanças** e/ou de **consolidação das mudanças**.

A boa prática aqui demanda alta interação com os principais *stakeholders* para identificar expectativas desde o primeiro ciclo de planejamento de *Releases*, e que deverão ser revisadas nos ciclos seguintes. Algumas expectativas não alinhadas com objetivos e premissas do projeto podem demandar *feedback* imediato aos *stakeholders*, tal qual nas metodologias lineares. Não hesite em deixar claro o quanto antes as expectativas que você já sabe de antemão que não serão atendidas.

No entanto, a boa prática aqui demanda o contínuo alinhamento das expectativas, na medida em que ciclos de desenvolvimento são entregues, *feedback*s e lições aprendidas colhidos e as decisões em relação aos próximos passos do projeto vão sendo tomadas. É possível que uma expectativa que inicialmente seria atendida deixe de ser em função das decisões tomadas dinamicamente com a evolução do projeto. Nesse caso, o realinhamento faz-se necessário. Eventuais repercussões como a frustração de *stakeholders* precisam ser monitoradas, uma vez que podem afetar o engajamento destes. Falar e especialmente ouvir aqueles que tiveram suas expectativas revertidas é a melhor abordagem que você pode ter para compreender como as pessoas processaram essa nova situação.

Novas expectativas também poderão surgir. O alinhamento destas às entregas do projeto deverá ser discutido e eventualmente levado para reuniões de acompanhamento do comitê de gestão e/ou comitê diretor do projeto.

17.3. Planejar a alocação e o desenvolvimento da equipe do projeto

Esta é uma atividade bastante dinâmica, já que novos *stakeholders* podem ser envolvidos no projeto, na medida em que os ciclos vão sendo desenvolvidos e novas *Releases* planejadas. *Stakeholders* que foram envolvidos em etapas anteriores podem voltar ao projeto para ciclos futuros.

Costumamos pensar em equipes de projetos ágeis com poucas pessoas, sendo quase todos desenvolvedores de software. Isso vale como princípio para algumas metodologias ou *frameworks*. No entanto, na medida em que as abordagens ágeis se desenvolvem e ganham novos contornos, essa premissa vai dando lugar a equipes maiores, atuando em empreitadas de grande escala e complexidade, muitas vezes compostas por pessoas que nunca participaram de um projeto e menos ainda conhecem a abordagem ágil.

Nosso objetivo com essa macroatividade é especialmente dar segurança psíquica à equipe que participa de um projeto, qualquer que seja sua função. O pior cenário que pode acontecer é uma pessoa designada para um projeto entrar em estado de luto antecipatório e, em função de uma insegurança psíquica, apresentar um desempenho aquém do esperado.

Pensar e discutir o futuro da equipe do projeto reduz a ansiedade das pessoas em relação ao futuro. Todos buscamos o máximo de previsibilidade para reduzir riscos em tudo que fazemos em nossas vidas. Dar segurança psíquica é o que evita o luto antecipatório e tem grande influência na motivação e no engajamento da equipe do projeto.

Um caso que merece especial atenção é daqueles que deixam atividades rotineiras para se juntar pela primeira vez a uma equipe de projetos. Essas pessoas costumam se sentir inseguras por estarem diante de atividades que estão fora de sua área de conforto.

A primeira expectativa de uma pessoa que deixa sua rotina é a respeito do tempo em que ficará afastada de suas funções para se dedicar ao projeto. Isso muitas vezes pode ser bem difícil de prever, já que tudo o que você tem no momento é a definição das atividades relativas à *Release* que entrará em desenvolvimento. O planejamento de *Releases* e das prioridades do projeto por definição pode ser alterado de acordo com a evolução do projeto.

Entretanto, considerando os objetivos estratégicos que serão perseguidos, é possível antever a importância daquela pessoa para o sucesso da empreitada. Ainda que ela participe de um ciclo agora e outro dentro de algumas semanas ou mesmo meses, é possível e necessário prever, negociar e comunicar os desafios que estão por vir, deixando claro que o modelo ágil tem sempre alguma imprevisibilidade, dada a sua dinâmica.

Esse é o grande gancho. Primeiro, ao negociar a participação desta pessoa com um perfil tão especial, mostrar seu valor e relevância para o projeto em função de seu conhecimento e suas características pessoais. É fundamental gerar uma perspectiva de que o projeto é uma grande oportunidade de aprendizagem e carreira.

Sempre que possível, ao negociar a participação de uma pessoa em um projeto, tente já negociar o seu futuro na organização. É possível que ela volte para a mesma área de origem, mas também é possível que essa pessoa se desenvolva tanto que passe a desempenhar novos papéis e responsabilidades na organização.

Cada caso é único e precisará ser tratado não só com o líder da área de origem desse profissional, como também com a área de RH. A única coisa que não se pode admitir é gerar expectativas insustentáveis ou mesmo combinar algo que mais tarde não será cumprido. Esse tipo de evento deixa profundas cicatrizes organizacionais e afetará o engajamento de profissionais em etapas futuras de seu projeto.

Aproveite a oportunidade para explicar os fundamentos das abordagens ágeis e o modelo que sua empresa adota. Isso dará segurança psíquica para os novos *stakeholders*, além de ajudar a consolidar a cultura de gestão de projetos no modelo ágil.

Caso seu projeto conte com terceiros, não se esqueça de que terceiros também são pessoas, que precisam da mesma segurança psíquica da equipe do projeto que faz parte do corpo de colaboradores da empresa.

17.4. Estabelecer o plano de ação de Gestão de Mudanças

É no plano de ação que descrevemos as atividades táticas e operacionais que farão parte da abordagem de Gestão de Mudanças. O principal objetivo do plano de ação é tornar as atividades de Gestão de Mudanças tangíveis para a equipe e lideranças e integradas com o planejamento da *Release*. Outro objetivo relevante é estimar investimentos no fator humano para manter a equipe motivada e vibrante.

O planejamento do projeto nos modelos ágeis é feito em camadas e não tem o nível de detalhe que caracteriza as abordagens lineares. Isso nos leva também a ter um plano de ação para gestão de mudanças simplificado, posicionando as macroatividades, eventos de reconhecimento e celebrações correlacionados com o planejamento e a execução no nível do projeto, das *Releases* e interações. Adicionalmente, a prática de Gestão de Mudanças nos leva a macroatividades em etapas que não são contempladas usualmente nas abordagens ágeis, mas que do ponto de vista humano são relevantes. Dentre essas podemos destacar:

- ✓ Atividades relacionadas ao processo de aquisições quando fornecedores são envolvidos em um projeto e questões culturais pode trazer repercussões à empreitada.
- ✓ Sustentação da mudança que ocorre quando uma *Release* é implantada e tem por objetivo assegurar a institucionalização das mudanças introduzidas pelo projeto.
- ✓ Atividades relacionadas ao encerramento do projeto.

18. Macroatividades híbridas do PEGM

As macroatividades híbridas do PEGM são aquelas que devem ser desenvolvidas parcialmente junto com o planejamento do projeto e revisadas e/ou incrementadas no planejamento ou revisão das *Releases* e iterações. Na figura a seguir apresentamos a relação entre o planejamento do projeto e as macroatividades híbridas que fazem parte do Plano Estratégico de Gestão de Mudanças – **PEGM**.

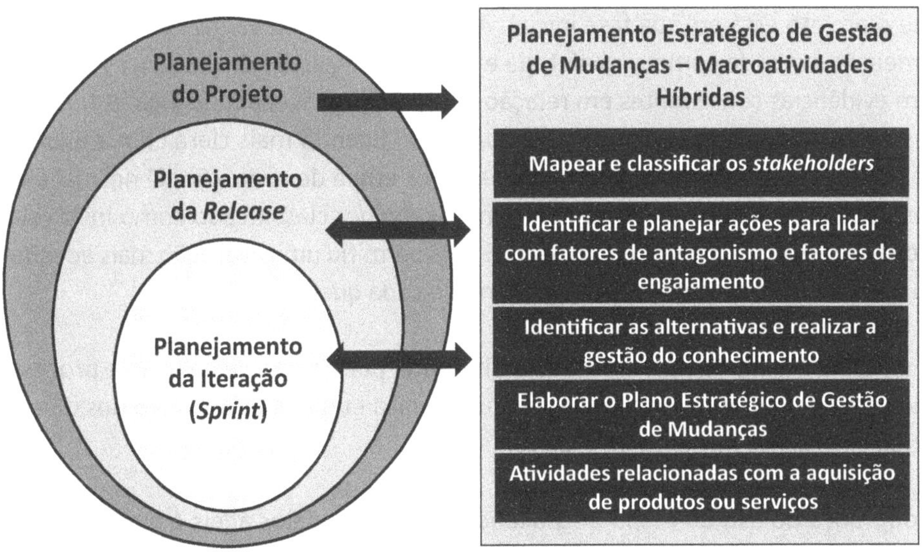

Figura 18.1. Relação entre planejamento do projeto e macroatividades híbridas do PEGM

18.1. Mapear e classificar os *stakeholders*

O mapeamento e a classificação do *stakeh*olders começam a ser desenvolvidos no planejamento do projeto. Entretanto, o mapa é apenas uma ferramenta e sua atualização é uma atividade dinâmica que faz parte da gestão de *stakeholders*. Sua atualização pode ser feita sempre que necessário ao longo dos ciclos de desenvolvimentos de *Releases* e iterações. Como boa prática, a revisão do Mapa de *Stakeholders* deve acontecer pelo menos ao longo do planejamento ou da revisão de cada *Release*. É neste momento que o produto ou serviço vai tomando forma e as mudanças se tornam mais tangíveis, por vezes mudando a adesão provável dos *stakeholders*.

Trataremos da gestão de *stakeholders* mais adiante, uma vez que esta é uma macroatividade recorrente em todos os ciclos de desenvolvimento do projeto e de sustentação das mudanças.

Normalmente, nos modelos lineares de gestão de projetos, já nas primeiras versões do mapa podemos identificar com mais facilidade a maioria dos *stakeholders* que serão tocados pelas mudanças. A abrangência e o escopo do produto ou serviço a ser desenvolvido naturalmente estarão mais bem definidos na etapa de execução, depois da conclusão do desenho conceitual, quando teremos regras de negócio, requisitos e processos aprovados. Também é comum termos, nas primeiras versões do mapa, vários *stakeholders* na posição de instáveis ou prováveis resistentes justamente porque o projeto está em sua fase inicial. A maioria dos *stakeholders* ainda não tem a dimensão exata de como será afetada e a equipe de gestão de mudanças ainda não tem evidências consistentes em relação à adesão provável à mudança. A tendência nesse caso é que a posição dos *stakeholders* vá ficando mais clara com a evolução do projeto, especialmente quando iniciamos a etapa de execução. O normal é que aos poucos tenhamos raros ou nenhum *stakeholder* classificado como instável ou provável resistente, pois o tempo decorrido já permitiu uma avaliação mais adequada do nível de engajamento ou antagonismo de cada qual.

Já nas abordagens ágeis a dinâmica é diferente, pois regras de negócio e processos não serão definidos de uma só vez, em uma única etapa, mas ao longo dos diversos ciclos de desenvolvimento do projeto.

A diferença do uso do Mapa de *Stakeholders* nos modelos ágeis é que com maior frequência novos *stakeholders* podem ser adicionados na medida em que o projeto avança no desenvolvimento de seus ciclos. O efeito dessa característica é que teremos uma quantidade maior de *stakeholders* na condição de instáveis e prováveis resistentes ao longo de todo o projeto. A cada ciclo teremos que traçar novas estratégias de avaliação da situação de cada *stakeholder* em relação a sua adesão provável à mudança. Além disso, um *stakeholder* antes qualificado como vendedor da mudança pode mudar radicalmente de posição com a evolução do projeto, pois o que antes não lhe trazia desconforto e insegurança psíquica pode vir a trazer conforme o produto ou serviço vai tomando sua forma final.

Consideramos essa macroatividade como híbrida porque ela é realizada inicialmente no planejamento do projeto e na sequência o Mapa de *Stakeholders* é atualizado e revisado pelo menos a cada planejamento de *Release*. A cada revisão do mapa avalie:

- ✓ Se novos *stakeholders* devem ser acrescentados.
- ✓ A reação dos *stakeholders* em termos de engajamento considerando que um ciclo de implantação acaba de ser realizado e as mudanças introduzidas precisam ser sustentadas.

18.2. Identificar e planejar ações para lidar com fatores de antagonismo e fatores de engajamento

Fatores de antagonismo e de engajamento são identificados a partir da avaliação da cultura organizacional, da maturidade para lidar com perdas, das expectativas dos *stakeholders* e do processo contínuo de gestão do engajamento dos *stakeholders*. Ao identificar um fator de antagonismo definimos também uma medida de contorno para mitigá-lo ou eliminá-lo. Para os fatores de engajamento, definimos ações para maximizá-los. O resultado dessas ações não é imediato e deve ser ajustado ao longo do desenvolvimento do projeto.

Portanto, esses fatores, que começam a ser identificados e tratados no planejamento do projeto, são dinâmicos e precisam ser revistos a cada novo planejamento de *Release*.

Há alguns anos, participamos de um projeto de consultoria que introduziria novas soluções tecnológicas e diversas mudanças na operação da empresa. A situação que descreveremos a seguir exemplifica a relevância de tratar fatores de antagonismo e engajamento desde o PEGM e de conduzi-los de forma dinâmica, revisando a eficácia das medidas de contorno planejadas.

A avaliação da cultura organizacional sugeria que a empresa era extremamente verticalizada, com cada departamento conectado quase que exclusivamente em seus objetivos estratégicos e metas departamentais. A empresa dividia a implementação de sua estratégia em duas áreas: uma era responsável pelo desenvolvimento dos projetos e outra por conduzir as entregas do projeto já no estado de produção, isto é, após sua implantação. Ao entrevistar os líderes da área de produção, identificamos um poderoso mito capaz de causar sérios danos ao projeto e à sustentação das mudanças.

A percepção desses líderes era de que, não importando a forma como o projeto seria conduzido, este deixaria tremendo legado de problemas a serem resolvidos pela área de produção. Todo o ônus da insatisfação dos *stakeholders*, segundo esse mito instalado, traria implicações na imagem da área de produção.

Certamente alguns projetos costumam apresentar algum problema e necessidade de ajustes quando entram em produção. Entretanto, havia ali uma distorção da realidade, talvez causada por outros fatores ocultos para nós ou antigas cicatrizes organizacionais, que promoviam quase uma rivalidade entre as duas áreas. Nem todos os projetos tinham um histórico de problemas. Muitos na verdade eram reconhecidos como empreitadas de sucesso. É bem verdade que quando o projeto era bem-sucedido os louros ficavam muito mais com a área de projetos, enquanto aqueles que apresentavam problemas tornavam-se herança maldita para a área de produção.

Percebemos que esse mito representava um forte fator de antagonismo vindo da área de produção, que se via ameaçada por um projeto extremamente desafiador e de alta repercussão no negócio. Para reverter esse fator de antagonismo percebemos que as áreas de projeto e produção precisavam trabalhar integradas desde a execução do projeto. Isso demandaria esforço de ambos os lados, e antigos paradigmas precisariam ser derrubados. A área de projetos havia planejado algumas viagens internacionais em clientes que já usavam as soluções tecnológicas que seriam introduzidas pelo projeto. Costumeiramente, duas pessoas da área de projetos faziam visitas de *benchmark* e o pessoal de produção não era envolvido. Percebemos que estávamos diante de uma grande oportunidade. Nunca antes a área de produção havia sido envolvida desde essa etapa preliminar do projeto. Abordamos o tema com o diretor do projeto, explicando que, para criar uma maior conexão da área de produção com a empreitada, seria muito importante estabelecer um marco da mudança, enviando nessas viagens um representante da área de produção junto com o do projeto. Os custos seriam do projeto, demonstrando assim que o foco não estava apenas em entregar o projeto no prazo, custo e escopo, mas, sim, em uma mudança madura e sustentável. Além disso, o projeto demonstraria compromisso com o sucesso da área de produção, o que provavelmente tocaria no lado emocional de seus profissionais.

Quando os representantes das áreas retornavam da viagem eles trabalhavam juntos na preparação de uma apresentação para compartilhamento de conhecimento com os demais *stakeholders*. Novamente conseguimos colocar as duas áreas juntas para assistir às apresentações. O *feedback* dessas primeiras iniciativas foi bastante positivo. Aos poucos fomos aprendendo melhor os temores de cada área em relação à outra.

Percebemos certa inquietude de alguns profissionais de projetos, que deixaram de viajar para dar lugar a pessoas da produção. Uma reação natural, mas que precisava ser revertida rapidamente.

Colher *feedback* e estar atento ao comportamento das pessoas é fundamental para entender as repercussões de qualquer ação que toque nas questões humanas. Propusemos então que o pessoal de projetos passasse um dia na área de produção para que compreendessem melhor os problemas que esta vivia cotidianamente. No fim do dia fizemos um *debriefing* colocando pessoas das duas áreas juntas para que elas compartilhassem suas percepções sobre esse evento. Nossa intenção era gerar empatia e integração.

Ficamos surpresos ao ver que a área de projetos realmente não entendia os efeitos que suas decisões causavam na outra área. Esse foi apenas o começo de uma série de ações que permitiram uma participação integrada das áreas ao longo de todo o projeto. A cada ciclo desenvolvido discutíamos com as equipes as medidas que poderiam tornar a passagem do estado de projeto para produção de forma suave. O compromisso de uma área com a outra foi aumentando aos poucos a ponto da área de projetos, após um período inicial de resistência e desconforto, começar a propor ações com a participação do pessoal de produção.

Não existe uma única ação milagrosa que seja capaz de reverter uma situação de antagonismo, mas, sim, um conjunto de ações que precisam ser experimentadas e aprimoradas a partir dos resultados colhidos. Essa é a dinâmica da gestão de fatores de antagonismo e engajamento, que se inicia com uma ação e ao longo do tempo se ampara em outras formando um conjunto transformador. Nesse caso, além de criar a conexão da equipe de produção com o projeto, aprendemos que seria preciso estimular a empatia da área de projetos com as situações e o estresse enfrentados pela produção. Percebemos também a importância de estimular a cooperação e o espírito de equipe entre as áreas.

As pessoas tendem a se preocupar mais com aquelas pelas quais têm algum afeto. Intervenções na gestão de conflitos para a busca de soluções cooperativas foram frequentes no início, e com o tempo as equipes passaram a buscar suas próprias alternativas sem a necessidade de mediação da equipe de Gestão de Mudanças. Um comitê de implantação, com representantes das duas áreas, foi criado por iniciativa das próprias pessoas envolvidas no projeto, para facilitar a comunicação e preparar ações de contingência para eventuais problemas que poderiam ocorrer após a implantação. Não foi uma jornada fácil nem rápida, pois as mudanças humanas demandam tempo, mas valeu cada minuto investido nesta questão. Um fator de antagonismo que, se não tratado, seria uma ameaça à mudança foi transformado em fator de engajamento.

No fim do projeto, ao discutirmos os resultados e as lições aprendidas, os líderes das duas áreas concluíram que este deveria ser o modelo padrão de trabalho doravante. Nesse caso, não só o projeto reverteu um mito fortemente enraizado, como também deixou um legado na cultura de condução de projetos e mudanças de forma integrada entre duas áreas que precisam trabalhar em harmonia. A propósito, esse problema entre áreas de projetos e produção é bastante comum e já o encontramos em diversas empresas nas quais trabalhamos.

Mudar essa situação passa pela identificação do problema, experimentação, avaliação dos resultados, ajustes na estratégia, planejamento de ações complementares e muita paciência para que os mitos sejam descontruídos e as mudanças comportamentais consolidadas.

18.3. Identificar as alternativas e realizar a gestão do conhecimento

Essa macroatividade precisa ser desdobrada em duas partes. A primeira tende a ser estática, deve ser realizada ao longo do planejamento do projeto e está relacionada com identificação das alternativas para conduzir a gestão do conhecimento. O que buscamos aqui é saber se a empresa possui essa prática, alguma ferramenta ou mesmo um departamento dedicado ao tema. No extremo, se não houver qualquer recurso disponível, faça-o com editores de texto ou com planilhas, mas não deixe de fazer.

O conhecimento é um dos pilares vitais para a sustentação da mudança. A falta de conhecimento acerca de um produto, serviço, processo, tecnologia, etc. interessa muito aos antagonistas. Tomemos como exemplo um sistema de inteligência de negócio, desenvolvido e implementado com o apoio de consultores de outro país, para substituir um antigo sistema desenvolvido pelos próprios colaboradores da organização. Imagine agora que, depois de implantado, esse sistema, por algum motivo, pare de funcionar ou apresente alguma inconsistência. Caso o projeto não tenha se preocupado com a gestão do conhecimento, ninguém na empresa saberá o que fazer em uma situação de exceção. É muito provável que os antagonistas usem esse fato para lembrar do antigo sistema e de sua capacidade de operá-lo em quaisquer circunstâncias. No extremo podem tornar a mudança insustentável e voltar ao estado anterior, que representa sua zona de conforto e segurança.

A segunda parte desta macroatividade está relacionada com a geração do conhecimento e por isso tem natureza dinâmica.

Nas abordagens ágeis o conhecimento acerca das entregas feitas pelo projeto deve sair do estado tácito para o explícito sempre que uma iteração for validada pelos *stakeholders*. O detalhe aqui é o tempo certo para investir no esforço de documentar e compartilhar o conhecimento. Como modelos ágeis de gestão de projetos têm como premissa a experimentação e ajustes através dos *feedbacks* dos *stakeholders*, apenas depois desta etapa o esforço necessário para gestão do conhecimento faz sentido.

A questão é que gestão do conhecimento demanda tempo e por vezes parece desperdício de esforço, já que trará pouco ou nenhum reflexo imediato no projeto.

Entretanto, conhecimento tácito evapora e se perde com o tempo. Toda empresa empobrece diariamente ao perder parte de seu conhecimento, sem mesmo se dar conta que está desperdiçando um ativo intangível tão valioso. A gestão do conhecimento pode não ser essencial para o projeto, mas é pilar de sustentação da mudança. Então não deixe de colocá-la em seu plano de ação nem permita que a correria do projeto, especialmente na passagem de um ciclo de desenvolvimento para outro, atropele essa macroatividade.

Fique apenas atento ao tempo certo para não desperdiçar energia e capturar, no momento exato, o melhor valor que essa macroatividade pode trazer para o processo contínuo de transformação organizacional.

18.4. Elaborar o Plano Estratégico de Gestão de Mudanças

A elaboração do Plano Estratégico de Gestão de Mudanças (**PEGM**) nas abordagens ágeis se dá em diferentes momentos. Ao longo do planejamento do projeto tratamos das macroatividades estáticas. No planejamento da *Release*, completamos o **PEGM** com as macroatividades dinâmicas, que são revisadas a partir do *feedback* colhido ao término de cada ciclo de iteração e *Release*. É ainda no planejamento das *Releases* e iterações que revisamos, completamos ou ajustamos as macroatividades híbridas, cujo desenvolvimento inicial se deu no planejamento do projeto.

Recomendamos cuidado especial em relação ao orçamento de Gestão de Mudanças, já que, mesmo sabendo que mudanças serão implementadas, os detalhes do caminho a ser seguido só serão definidos ao longo do desenvolvimento do projeto. *Feedbacks* e lições aprendidas podem trazer alterações na composição e modelagem dos serviços e produtos inicialmente imaginados.

Planeje o orçamento e trate-o com a mesma flexibilidade e restrições que caracterizam as abordagens ágeis, fazendo revisões a cada ciclo de *feedback* e planejamento. Um exemplo típico de investimento estimado que pode ser alterado ao longo do projeto é o treinamento. Enquanto nas abordagens lineares é possível prever quando as pessoas serão treinadas e os ganhos de sinergia possíveis, já que há previsibilidade em relação a essa atividade, nos modelos ágeis um treinamento pode ser fatiado e repetido diversas vezes a cada ciclo de implantação. *Stakeholders* que poderiam ser treinados de uma só vez, em uma só turma, podem ser designados para duas ou mais turmas em momentos diferentes. Comunicação pode ser outro exemplo de orçamento de investimento afetado pela imprevisibilidade inerente aos modelos ágeis.

Ao aprovar a versão primária do **PEGM**, deixe claro que ali estão as macroatividades estáticas e que as macroatividades dinâmicas e híbridas demandarão revisões e interações adicionais com o patrocinador e comitês para aprovação de eventuais mudanças ao longo do desenvolvimento do projeto.

18.5. Atividades relacionadas com a aquisição de produtos ou serviços

As abordagens ágeis em geral não tratam das atividades relacionadas a aquisições, contratos, fornecedores, etc. que em geral fazem parte do dia a dia de um projeto. Consideramos aqui as peculiaridades dessas atividades, mesmo não as tratando como uma etapa de projeto, pois, do ponto de vista humano, estas podem ser relevantes para o sucesso da empreitada.

Como descrito no HCMBOK®, nas abordagens lineares, as atividades relacionadas com a aquisição de produtos e serviços frequentemente ocorrem no início do projeto, ainda que possam ocorrer em paralelo com outras etapas, especialmente com a execução do projeto. No caso das abordagens ágeis, essas atividades podem ocorrer diversas vezes na medida em que os ciclos incrementais são desenvolvidos e implantados. Em alguns ciclos podem haver aquisições e demandar a participação de novos fornecedores. Tratamos aqui as atividades relacionadas com as aquisições como híbridas justamente porque, nos casos de projetos que demandam aquisições de produtos e/ou serviços, elas devem ser desenvolvidas na camada de planejamento do projeto, mas eventualmente demandarão novas intervenções no planejamento das *Releases*.

Fornecedores como os de pacotes de software e consultoria para projetos estratégicos podem ser definidos antes de se iniciar o desenvolvimento do projeto propriamente dito. Em outros casos, parceiros estratégicos só serão considerados na medida em que o projeto evolui e os produtos e serviços tomam uma forma mais bem definida.

Independentemente do momento que o fornecedor chega no projeto, o importante é compreender que:

- ✓ Cada fornecedor tem sua própria cultura organizacional e isso deve ser levado em conta em sua própria seleção.
- ✓ Choques de cultura ou estilos de liderança podem levar a conflitos que, se não tratados, podem criar sérios problemas ao projeto.
- ✓ A chegada de um fornecedor pode trazer novos conhecimentos e sua equipe precisará ser treinada para evitar eventuais efeitos de insegurança psíquica e gerar confiança em sua capacidade de ser bem-sucedida através do projeto.
- ✓ Vale a pena investir algum tempo em proporcionar ao fornecedor uma imersão nos processos de negócio, peculiaridades de mercado e na cultura organizacional da sua empresa. Permita que ele "respire" um pouco o seu dia a dia e ele se sentirá bem recebido e confortável com a receptividade.
- ✓ A equipe do fornecedor é formada por pessoas e, portanto, traz consigo toda a complexidade humana.
- ✓ Valide papéis e responsabilidades da equipe do projeto para alinhar expectativas. Por vezes o contrato já define em linhas gerais as responsabilidades do fornecedor, mas é sempre bom checar se as partes têm o mesmo entendimento em uma conversa franca e direta.

As atividades da etapa de aquisição no HCMBOK® não demandam nenhuma outra adaptação para a condução de projetos com abordagens ágeis. Essas atividades só precisam ser tratadas com a dinâmica natural de um projeto desenvolvido com abordagem ágil.

Faça tudo de maneira mais simples, levando em conta a necessidade de tratar o fornecedor não como uma marca ou uma empresa, mas como um conjunto de pessoas que farão parte da equipe do projeto.

19. Ciclos de desenvolvimento de um projeto conduzido com abordagem ágil

O ciclo de desenvolvimento, como demonstrado na Figura 12.2, é a fase do projeto em que a equipe está focada em priorizar e desenvolver de forma incremental um produto ou serviço. Não vamos detalhar aqui as atividades realizadas pela equipe de desenvolvimento do projeto, uma vez que, como já dissemos, nosso foco está na aplicação das atividades de Gestão de Mudanças em projetos conduzidos com abordagens ágeis.

Nosso objetivo deste ponto em diante é relacionar as macroatividades e boas práticas de Gestão de Mudanças que devem ser realizadas ao longo do ciclo de desenvolvimento.

Como já mencionamos no item 15.5 (Definir papéis e responsabilidades da equipe do projeto), algumas atividades de Gestão de Mudanças, que em abordagens lineares tipicamente são realizadas pelo gerente de mudanças, no caso das abordagens ágeis podem estar sob a responsabilidade de outros profissionais da equipe do projeto. A definição de quem conduzirá cada atividade relacionada à gestão das mudanças dependerá da metodologia ou *framework* ágil adotado e da cultura de Gestão de Mudanças e projetos da organização. O que realmente importa é que a mudança seja bem gerida e liderada para que o engajamento dos *stakeholders* seja o mais alto possível.

As metodologias e *frameworks* ágeis direcionam seu foco para o projeto e a implantação dos produtos e/ou serviços que o motivaram. Nossa abordagem de Gestão de Mudanças direciona seus esforços para os aspectos humanos durante o projeto, mas também após sua implantação. Dessa forma, sob a perspectiva do **HCMBOK®**, o ciclo de desenvolvimento inclui, além de macroatividades tipicamente relacionadas com a execução e implantação do projeto, aquelas que fazem parte da etapa de sustentação das mudanças.

Ainda que no HCMBOK® tenhamos uma etapa específica para tratar a sustentação da mudança, na verdade a boa prática para tornar uma mudança sustentável é fruto de uma abordagem contínua de engajamento dos *stakeholders*, que se inicia já no planejamento estratégico da organização, passa pelo planejamento do projeto e *Releases*, seu desenvolvimento e segue até que a mudança esteja institucionalizada.

Os ciclos de desenvolvimento do projeto têm uma especial importância na gestão do engajamento e do antagonismo dos *stakeholders*, já que, na medida em que o produto ou serviço vai tomando sua forma final, as mudanças se tornam mais perceptíveis, os impactos organizacionais ficam evidentes e questões humanas como ego, status, poder e agendas pessoais são acirradas.

Abordagens ágeis de desenvolvimento de projetos, quando bem conduzidas, trazem grande vantagem para ampliar o engajamento dos *stakeholders*, já que, por sua natureza participativa, estes são envolvidos em muitas decisões do projeto durante o desenvolvimento dos ciclos iterativos. Quanto mais as pessoas participam, maior é a percepção de pertencimento e a conexão humana com as mudanças introduzidas pelo projeto.

Em projetos mais simples, por vezes, há apenas um *stakeholder* decisor definindo todas as prioridades do projeto. Nesses casos tudo é mais simples. A complexidade maior ocorre em projetos de grande porte, quando temos diversos *stakeholders*, com diferentes perspectivas e interesses em jogo. É possível inclusive que, dentre estes, algum ou mesmo alguns, sejam antagonistas às mudanças. Cuidado redobrado e uso de processos participativos serão importantes para que o projeto flua e entregue as mudanças esperadas.

O processo de priorização dos itens a serem desenvolvidos, de maneira geral, leva em conta questões relacionadas com o produto ou serviço em desenvolvimento, velocidade e capacidade de produção da equipe de projetos. Entretanto, projetos que provocam muitas mudanças organizacionais deveriam considerar também as variáveis humanas em seu processo de priorização. Quando apenas aspectos técnicos e de negócio são levados em conta, muitas vezes sobrecarregamos uma área ou departamento com a introdução de mais mudanças que estes podem suportar. A capacidade da organização de absorver o volume de mudanças em curso e o reflexo que as prioridades definidas terão em ampliar o engajamento e reduzir o antagonismo são variáveis que quando consideradas ampliam as chances de sucesso de uma empreitada.

Não perca essa oportunidade de contribuir com o processo de priorização dos ciclos de desenvolvimento, relatando as variáveis humanas como o estado de engajamento ou antagonismo dos *stakeholders* e a capacidade destes de processar novas mudanças. Essa discussão se torna ainda mais relevante quando você perceber que a sustentação das mudanças anteriormente implementadas ainda não está consolidada.

A saturação de um grupo de *stakeholders* com muitas mudanças concomitantes pode afetar o engajamento e acirrar antagonismos. Aqui está um ponto em que a Gestão de Mudanças pode fazer toda a diferença no sucesso de um projeto conduzido com abordagens ágeis.

Apresentamos a seguir as macroatividades que fazem parte de um ciclo de desenvolvimento, primeiro na forma gráfica e, na sequência, de maneira descritiva com suas peculiaridades a serem observadas quando da aplicação de modelos ágeis.

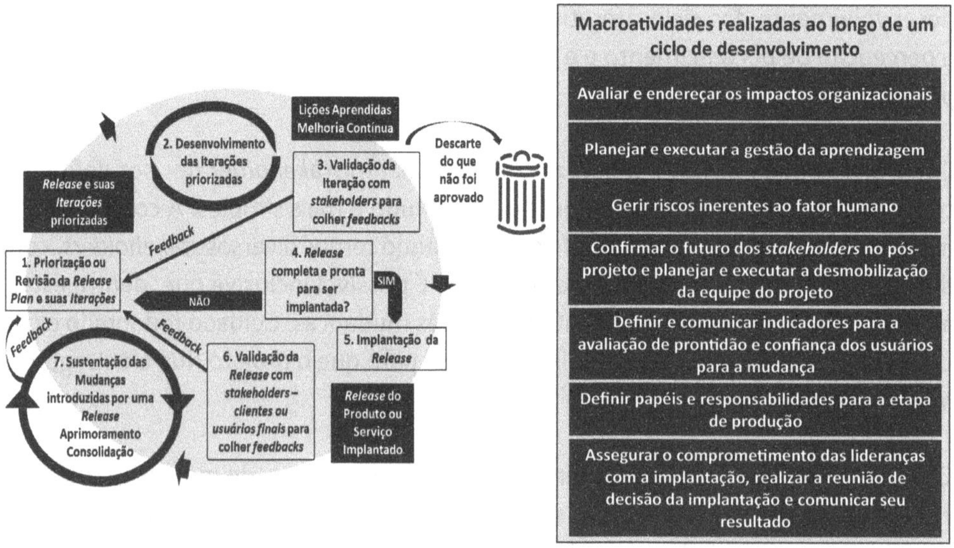

Figura 19.1. Relação de macroatividades desenvolvidas ao longo de um ciclo de desenvolvimento

19.1. Avaliar e endereçar os impactos organizacionais

Impactos organizacionais são o conjunto de implicações decorrentes de um projeto e podem estar relacionados com questões técnicas, mercadológicas, socioambientais, humanas, etc. Vamos nos ater aos impactos humanos, que são o foco da Gestão de Mudanças.

Simplificando a questão, podemos dizer que, do ponto de vista humano, os impactos organizacionais são uma lista de questões decorrentes dos reflexos que a mudança causará na organização e em seus *stakeholders*. Cabe a você, que está sensível à necessidade de as mudanças serem geridas, propor a realização desta macroatividade durante a definição de papéis e responsabilidades que ocorre no planejamento do projeto. Identificar os impactos, propor soluções e provocar discussões acerca das possíveis estratégias para endereçá-los é a sequência de trabalho a ser seguida. *Frameworks* e metodologias ágeis não costumam abordar os impactos organizacionais de maneira clara nem os atribuir a um dos componentes da equipe do projeto. Aí está uma boa oportunidade para a equipe de Gestão de Mudanças atuar e trazer valor ao projeto.

Independentemente da abordagem de gestão do projeto adotada (linear, ágil ou híbrida), os impactos organizacionais costumam causar grande desconforto nos *stakeholders* e devem ser tratados desde a etapa de planejamento do projeto. Interações com o patrocinador, entrevistas com *stakeholders* decisores, especialmente os que fazem parte de comitês e conselhos, e o *workshop* de alinhamento e mobilização das lideranças são excelentes oportunidades para identificação de impactos preliminares.

No início do projeto, quando realizamos o Planejamento Estratégico de Gestão de Mudanças, em geral a perspectiva dos impactos organizacionais ainda é macro, mas oferece uma boa ideia do que você deverá endereçar com mais detalhes quando começar o desenvolvimento do projeto. Além disso, identificar impactos mesmo antes do desenho detalhado do produto ou serviço a ser entregue também permite a identificação de *stakeholders* que serão mais afetados pelas mudanças e demandarão maior cuidado e atenção. É provável que os reflexos das mudanças para estes sejam mais difíceis de ser processados e exijam um pouco mais de tempo para se consolidar. Isso é normal e humano, tenha paciência e lembre-se de que o que não incomoda uma pessoa pode causar impacto e desconforto em outra.

Nas metodologias lineares o desenho conceitual (*business blueprint*) define de uma só vez o produto ou serviço que será desenvolvido ao longo da execução do projeto. O escopo do projeto é rígido e alterá-lo pode ter reflexos em prazo e custo. Ter um desenho definitivo das entregas do projeto permite que a avaliação detalhada dos impactos seja realizada de forma linear e concomitante com a evolução da etapa de execução. Teoricamente, um desenho conceitual aprovado permite a identificação de todos os impactos organizacionais. Por consequência, podemos ter em um dado momento um plano definido para gestão dos impactos identificados.

No caso das abordagens ágeis, o produto ou serviço a ser entregue passa pelo planejamento do projeto, das *Releases* e toma forma ao longo dos ciclos de desenvolvimento, o que torna a identificação dos impactos organizacionais muito mais dinâmica.

Endereçar os impactos demandará rituais frequentes de discussão e tomada de decisão com as lideranças envolvidas. Essas lideranças podem ser desde um líder departamental até o RH, comitês e o patrocinador. Tudo dependerá do impacto e das alternativas para endereçá-lo.

Mesmo no caso em que o projeto é desenvolvido por uma *startup* e visa o lançamento de um produto ou serviço inovador, impactos organizacionais podem ocorrer. Imagine que essa inovação decole e em curto espaço de tempo alcance uma fatia significativa de mercado. Nesse cenário, provavelmente teremos impactos, como, por exemplo:

- ✓ Estruturar o processo de atendimento ao cliente e consequente contratação de pessoal e treinamento.
- ✓ Revisão da estrutura organizacional necessária para gerir uma empresa em rápido crescimento.
- ✓ Expansão do ambiente físico de trabalho para abrigar novos colaboradores.
- ✓ Etc.

Para que os objetivos estratégicos da implantação de uma *Release* tenham maior probabilidade de ser alcançados, é importante que os impactos organizacionais tenham sido discutidos e endereçados. Um produto ou serviço pode ficar pronto para ser implantado, mas se os impactos humanos não forem tratados, a reação dos *stakeholders* tende a tornar a sustentação das mudanças muito difícil e a empreitada corre risco de sucumbir.

Em um projeto de implantação de inteligência artificial para automatização do atendimento aos clientes, por exemplo, um impacto provável é a redução da equipe de atendimento no *call center*.

Demissões sempre causam impacto severo nas organizações, especialmente quando atingem uma quantidade significativa de pessoas. Isso independe da metodologia de gestão do projeto. O ponto aqui deixa de ser se você terá ou não esse impacto no projeto, mas como irá conduzi-lo.

Demissões malconduzidas deixam cicatrizes organizacionais que afetarão a empresa por muito tempo e terão reflexos no processo contínuo de transformação organizacional. Quando esses processos são humanizados, com o apoio de abordagens como *outplacement* (apoio no processo de transição de carreira), extensão de plano de saúde, etc. tudo fica mais fácil. A transparência também ajuda muito. Quando as empresas optam por não falar dos efeitos evidentes das mudanças que serão introduzidas por um projeto, a confiança na organização acaba sendo abalada e não raro as pessoas entram em estado de luto antecipatório e insegurança psíquica. Mesmo os que não serão afetados pela mudança tendem a reagir mal e adotar uma postura defensiva, trazendo efeitos nocivos no espírito de equipe, conflitos, motivação, estresse e compartilhamento do conhecimento.

Adotando uma abordagem ágil nesse mesmo tipo de projeto, o impacto das demissões ocorrerá a cada ciclo de implantação. Cada vez que uma iteração for planejada você perceberá qual a função do serviço de atendimento ao cliente que será afetada e precisará discutir com as lideranças da área quem, quando e como as pessoas serão desligadas. É também nesse momento que você poderá perceber novos impactos ou novos *stakeholders* afetados por impactos identificados em ciclos anteriores. Depois do primeiro ciclo implantado será possível buscar *feedback* e compreender como a organização reagiu à mudança. Implantar mudanças em ciclos reduz o risco de efeitos negativos de um impacto organizacional, uma vez que se tem a possiblidade de aprender dinamicamente quais as abordagens adotadas estão sendo eficazes e aprimorá-las para os ciclos seguintes. Hipóteses serão levantadas, testadas, lapidadas ou mesmo descartadas a cada ciclo de desenvolvimento do projeto. Caso a capacidade de seus *stakeholders* (neste exemplo, os clientes) absorverem as mudanças não seja a que você imaginou, a velocidade de implantação das mudanças terá que ser repensada, demandando a revisão do planejamento dos ciclos de desenvolvimento futuros.

A busca de *feedback* nos casos que envolvem grandes quantidades de *stakeholders* pode ser realizada de maneira formal através de grupos focais, pesquisas e questionários, mas é muito importante também buscar o *feedback* informal, interagir com as pessoas em suas áreas de trabalho, na cafeteria, "respirar" os efeitos das mudanças e falar – mas especialmente ouvir os *stakeholders*. Só assim será possível compreender o que não é dito nos rituais formais, mas faz parte do conjunto de emoções que as pessoas estão experimentando.

Ainda que os impactos organizacionais sejam geridos ao longo de todo o projeto, é possível que alguns só sejam percebidos após a implantação de uma *Release*. A complexidade e a imprevisibilidade em um caso desse tipo estão em parte relacionadas com a reação dos *stakeholders*.

Em nosso exemplo de implantação de um sistema de inteligência artificial para atendimento ao cliente, é possível que o tempo de adaptação de parte de seus clientes ao novo modelo seja maior que o esperado. Note que cliente também é *stakeholder* e nesse caso será diretamente afetado pela mudança em curso. Enquanto alguns poderão apreciar o novo modelo de atendimento, outros poderão sentir exatamente o oposto. Reclamações sobre o novo modelo implantado poderão afetar a percepção de qualidade no atendimento, demandando ajustes na solução implementada. Esses ajustes, por exemplo, poderão levar à redução, pelo menos temporariamente, de funções que foram automatizadas, e isso implicará em manter parte da equipe de atendimento que no planejamento inicial seria desligada. Eis um impacto organizacional que só pode ser realmente percebido quando o novo modelo, composto por um produto (inteligência artificial) e um serviço (atendimento automatizado ao cliente), estiver implantado.

É fácil perceber a partir deste exemplo o quão importante é ter a disciplina Gestão de Mudanças sendo aplicada também nas abordagens ágeis. O foco no fator humano não está relacionado com a abordagem de gestão de projetos, mas com a necessidade de engajar os *stakeholders* e gerir antagonismos nas mudanças introduzidas em uma organização.

Em resumo, sugerimos como boa prática três ações relevantes a serem levadas a cabo pelo responsável pela Gestão de Mudanças:

- ✓ Inclusão da atividade de avaliação de impactos organizacionais como parte do planejamento e da revisão de *Releases* e iterações para ampliar as chances de engajamento e não saturar os *stakeholders* com uma quantidade de mudanças maior do que pode ser suportada.
- ✓ Identificar novos impactos a partir dos *feedbacks* colhidos com os *stakeholders*.
- ✓ Avaliar impactos não previstos quando da implantação de uma *Release* e discuti-los com a equipe do projeto.

Na figura a seguir apresentamos a relação entre os ciclos de planejamento e desenvolvimento de iterações e os impactos organizacionais.

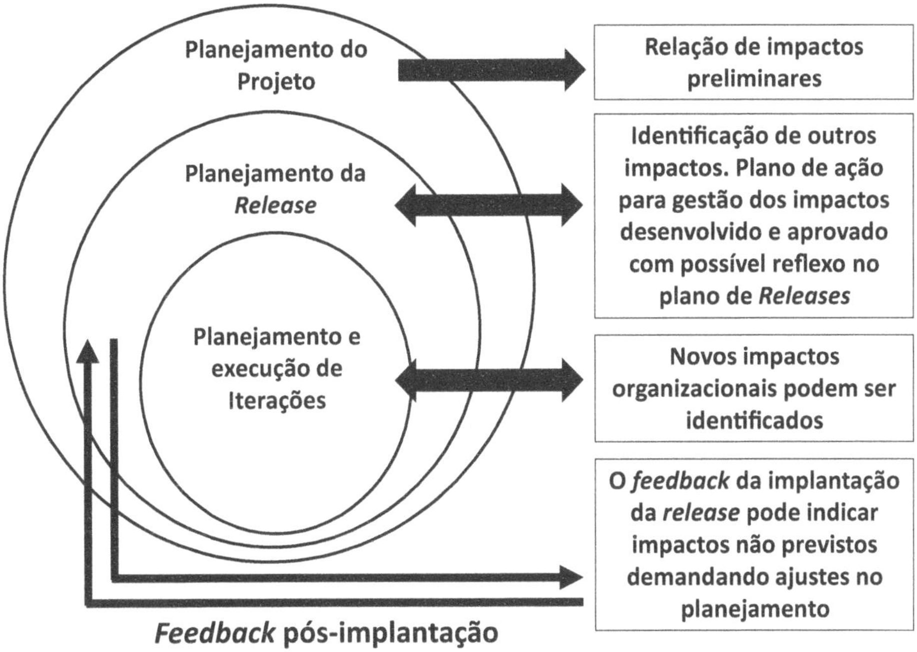

Figura 19.2. Relação entre os ciclos de planejamento e desenvolvimento de iterações e os impactos organizacionais

19.2. Planejar e executar a gestão da aprendizagem

A aprendizagem é outro dos pilares essenciais para que uma mudança seja sustentável. Precisamos dividir essa macroatividade em duas dimensões. A primeira diz respeito à equipe do projeto e a segunda aos *stakeholders* que farão testes e os que usarão o produto ou serviço em desenvolvimento.

Ao planejar um novo ciclo de desenvolvimento, avalie a necessidade de treinamento de novas pessoas que eventualmente venham a ser integradas à equipe do projeto. É possível que algumas estejam tendo seu primeiro contato com abordagens ágeis e outras tenham a necessidade de desenvolvimento de novas competências técnicas. É preciso gerar segurança psíquica e confiança na equipe para que as pessoas sintam que o projeto é uma oportunidade e não uma ameaça às suas carreiras.

Quando do planejamento de um novo ciclo de desenvolvimento, avalie a necessidade de treinamento dos *stakeholders* que farão testes e daqueles que usarão o produto ou serviço a ser entregue pelo projeto. Lembre-se de que em alguns casos esses *stakeholders* podem ser externos, isto é, clientes, fornecedores, etc.

As boas práticas de gestão de aprendizagem não diferem entre um projeto com abordagem linear e outro com abordagem ágil. O que muda é a dinâmica com que essa atividade será conduzida. Na medida em que uma iteração é validada e aprovada, é possível que existam *stakeholders* a serem treinados. Seu desafio é sincronizar essas ações de treinamento com o andamento do ciclo de desenvolvimento, de forma que, ao ser aprovada, uma *Release* possa ser implantada com os *stakeholders* que usarão os produtos ou serviços treinados e aptos a utilizá-los. Quando uma implantação gera uma experiência ruim ao usuário por falta de treinamento, o engajamento é afetado e os antagonistas aproveitam para atacar as mudanças.

O material de treinamento produzido é também uma importante fonte e deve servir para alimentar o processo de gestão do conhecimento. Se o treinamento for informal, com base na interação da equipe do projeto com um *stakeholder*, aproveite essa oportunidade para gravá-lo. Essas ações simples ajudam a transformar o conhecimento do estado tácito (o que cada pessoa sabe) para o explícito (o que foi registrado, indexado e poderá ser multiplicado).

19.3. Gerir riscos inerentes ao fator humano

Por definição, na abordagem do HCMBOK®, riscos devem ser continuamente avaliados e geridos. Não importa qual a abordagem metodológica adotada, a gestão de riscos deve ser dinâmica, sem conexão com uma etapa específica de um projeto. Incluímos a gestão de riscos no ciclo de desenvolvimento do projeto porque é nesta fase que as entregas do projeto são validadas. Se você conseguir fazer dessa oportunidade de interação com os *stakeholders* um momento de reflexão acerca dos riscos relacionados com o fator humano, será muito mais fácil estabelecer um marco ritualístico para geri-los de forma participativa a cada iteração.

Gerir riscos é uma atividade que muitas vezes é conduzida de forma mecânica, como parte da burocracia do projeto. A boa prática aqui é fazer tudo simples para ser eficaz. O maior risco de uma mudança é ser implantada com baixo engajamento e com isso não ser bem-sucedida. Riscos inerentes ao fator humano podem ter sua causa-raiz em diversos fatores, como, por exemplo:

- ✓ Patrocínio ineficaz ou inexistente.
- ✓ Falhas na comunicação do projeto.
- ✓ Falta de um claro propósito.
- ✓ Impactos organizacionais não geridos.

- ✓ Gestão da aprendizagem insuficiente ou ineficaz.
- ✓ Questões ligadas a status, poder, ego e agendas pessoais ocultas.
- ✓ Estresse excessivo.
- ✓ Baixa motivação.
- ✓ Comportamentos hostis.
- ✓ Alta incidência de conflitos de natureza psicológica.
- ✓ Etc.

Discuta com a equipe do projeto sua proposta para integração dos riscos inerentes ao fator humano na abordagem adotada para gestão de riscos do projeto. O objetivo é ter um único Mapa de Riscos do projeto integrando suas diversas dimensões, inclusive a humana. Algumas abordagens ágeis não deixam claros os detalhes, processos e rituais em relação à gestão de riscos de um projeto. Apresente sua proposição e adapte-a ao modelo adotado pela equipe do projeto. O importante é não desprezar essa boa prática porque implantar um projeto com riscos humanos não geridos só interessa aos antagonistas das mudanças.

19.4. Confirmar o futuro dos *stakeholders* no pós-projeto, planejar e executar a desmobilização da equipe do projeto

É da natureza humana buscarmos previsibilidade em relação ao nosso futuro. As raízes dessa necessidade, que está presente no comportamento comum da imensa maioria das pessoas, remontam aos milhares de anos em que fomos nômades – caçadores e coletores. A total imprevisibilidade da vida era companheira cotidiana, pois encontrar alimento, ser bem-sucedido em uma caçada e migrar para o desconhecido representava a tênue fronteira entre a prosperidade ou o colapso de um clã inteiro.

Equipes de projetos costumam ficar ansiosas para saber qual será a sua designação após o encerramento do projeto. Dar segurança psíquica para a equipe é o motivador dessa macroatividade.

É preciso lembrar que nos projetos conduzidos com abordagem ágil a dinâmica do processo de desenvolvimento dos produtos e serviços pode demandar a participação de alguns *stakeholders* em uma *Release* e não em outra. Os ciclos de desenvolvimento iterativos tendem a ser curtos, o que eventualmente pode afetar a designação e desmobilização de profissionais ligados à equipe do projeto. Essa dinâmica de movimentação de pessoal dependerá muito do tipo de projeto, de seu porte e do planejamento de *Releases*. A equipe técnica tende a ter maior estabilidade e na maioria dos casos acompanha o projeto inteiro. Já a parte da equipe formada por *stakeholders* que definem requisitos, testam e validam as entregas do projeto tende a ter maior variação, especialmente em projetos mais complexos, nos quais o conhecimento está disperso por várias pessoas ou departamentos.

Precisamos levar em conta ainda que o planejamento das *Releases* também pode ser alterado de acordo com o *feedback* recebido. O encerramento do projeto pode inclusive ser antecipado, caso o produto ou serviço se torne suficientemente maduro antes do prazo estimado ou se mostre inviável. Esse é mais um ponto de atenção em relação às pessoas designadas para um projeto.

Na verdade, começamos a tratar desse assunto desde o PEGM, pois a boa prática pede que, ao planejarmos a alocação da equipe do projeto, já considerarmos as possíveis opções para o futuro da equipe. Entretanto, abordagens ágeis são utilizadas em um cenário de imprevisibilidade, contrastando diretamente com a necessidade humana de previsibilidade em relação ao futuro. Acompanhe os ciclos de desenvolvimento do projeto e, na medida em que o cenário futuro pós-implantação se torne mais claro, promova a discussão acerca do futuro dos membros da equipe com as lideranças envolvidas e o RH, e o plano de desmobilização com a equipe do projeto.

Lembre-se de que as mudanças precisarão de sustentação, e, ainda que as abordagens ágeis não levem em conta essa etapa como parte do projeto, precisaremos de disponibilidade de alguns membros da equipe até que as mudanças estejam institucionalizadas na cultura organizacional.

Sempre que ocorrer a desmobilização de um membro do projeto é preciso assegurar que sua realocação foi adequada. Mesmo tendo planejado e confirmado a futura designação dos membros do projeto com as lideranças envolvidas e o RH, a dinâmica das organizações ou mesmo uma atitude de boicote de algum líder que deseja retirar credibilidade do projeto pode trazer alguma surpresa.

Nas abordagens lineares de gestão de projetos, a desmobilização costuma acontecer na etapa de encerramento e qualquer atitude negativa de um líder que não cumpre o planejamento de realocação costuma afetar mais os projetos futuros do que o que está terminando. No caso das abordagens ágeis a situação é outra. Se o planejamento não é cumprido, e o projeto ainda tiver novos ciclos de desenvolvimento, o estado de insegurança psíquica em relação ao futuro pode se instalar na equipe do projeto e novos membros designados podem perceber uma ótima oportunidade de desenvolvimento profissional como uma ameaça. Qualquer desvio do plano de realocação de membros da equipe do projeto deve ser discutido com o RH e o patrocinador rapidamente para evitar que uma cicatriz organizacional desse tipo venha a afetar o andamento do projeto.

19.5. Definir e comunicar indicadores para a avaliação de prontidão e confiança dos usuários para a mudança

Os indicadores de prontidão para a mudança são uma importante referência para a tomada de decisão em relação à implantação do projeto.

Quando falamos de prontidão para mudança vamos além de produtos ou serviços testados e aprovados pelos *stakeholders*. Nosso olhar aqui passa também pela prontidão da organização para lidar com as mudanças organizacionais decorrentes da implantação. Quando falamos de prontidão precisamos considerar aspectos quantitativos, mas também qualitativos, tais como o nível de confiança dos usuários nas mudanças que virão. Note que alguns indicadores podem ser traiçoeiros se avaliados apenas como números. Os indicadores de treinamento, por exemplo, podem mostrar que 100% das pessoas foram treinadas, 100% avaliaram o treinamento como ótimo e bom e ainda assim os usuários de uma solução podem não estar confiantes para operar em um novo modelo. Isso porque o processo de aprendizagem é mais do que treinamento. É preciso que as pessoas confiem na estabilidade da solução, pratiquem, ganhem maestria e domínio sobre um novo produto ou serviço. Só assim sentirão segurança psíquica a ponto de confiarem que as mudanças não representam uma ameaça ao seu desempenho profissional e à sua carreira.

Alguns indicadores poderão vir do *Business Case*, expectativas levantadas junto aos *stakeholders*, ações de gestão dos impactos organizacionais, gestão do engajamento e do Mapa de Riscos. Considerando que nas abordagens ágeis os ciclos de desenvolvimento são curtos, se comparados com os modelos lineares de gestão de projetos, definir e comunicar indicadores de prontidão para mudança é uma tarefa altamente dinâmica e desafiadora. Antecipe a identificação de indicadores quando da execução das macroatividades anteriormente mencionadas, valide-os e passe a acompanhá-los durante os ciclos de desenvolvimento. A cada novo ciclo priorizado, avalie se novos indicadores devem ser considerados ou se os anteriores necessitam de ajustes.

A boa prática implica não só na definição dos indicadores, mas também na sua comunicação recorrente, a fim de:

- ✓ Gerar uma percepção preliminar do nível de maturidade que a implantação está alcançando do ponto de vista das mudanças.
- ✓ Demonstrar o compromisso com a transparência sustentando a confiança dos *stakeholders* no modelo de gestão do projeto e suas mudanças.
- ✓ Manter a mobilização dos *stakeh*olders que não fazem parte da equipe de projetos.
- ✓ Usar de estratégias de indução ao protagonismo para os *stakeholders* que não apresentam o nível de engajamento necessário.
- ✓ Alertar para a necessidade do desenvolvimento de ações de ajuste nos pontos de vulnerabilidade que podem inviabilizar a implantação das mudanças.

Concentre sua energia apenas nos indicadores essenciais, valide-os, monitore-os e comunique-os de forma recorrente aos *stakeholders* diretamente envolvidos com o projeto. Não se limite aos comunicados formais que por vezes são muito mais uma tática para passar um problema para frente e poder dizer *a posteriori*: "eu avisei". Lembre-se de que um dos princípios do Manifesto Ágil está relacionado com a comunicação cara a cara. Faça com que a comunicação dos indicadores seja parte de um processo decisório de ajustes permanentes para que o projeto esteja pronto em todas as suas dimensões, ou seja, na entrega de produtos ou serviços, mas também nas mudanças decorrentes da implantação destes.

Avalie a necessidade de comunicar aos demais *stakeholders* o quadro evolutivo dos indicadores após a aprovação de cada iteração ou *Release* por meios formais e informais. A formalidade aqui está muito mais ligada ao uso de meios de comunicação de massa já existentes na organização do que no registro formal da evolução do projeto.

19.6. Definir papéis e responsabilidades para a etapa de produção

A implantação de produtos e serviços frequentemente introduz novas atividades a serem desenvolvidas pelos colaboradores. Novos departamentos podem ser criados, outros terem seus papéis e fronteiras de responsabilidades alteradas. Podem ainda ocorrer fusões ou mesmo a eliminação de partes das estruturas organizacionais. Todas essas mudanças fazem parte dos impactos organizacionais e demandam uma clara definição de papéis e responsabilidades antes dos novos produtos e serviços serem implantados.

O principal objetivo desta atividade é assegurar o funcionamento harmônico da organização, evitando conflitos decorrentes da divergência de interpretação de papéis e responsabilidades entre um ou mais departamentos. Use a Matriz RACI para documentar e discutir essas definições. Lembre-se de que essa matriz é uma poderosa ferramenta de alinhamento e comunicação que deve ser conhecida por todos os *stakeholders*. O RH terá nessa ferramenta uma importante fonte de informação para criar novas descrições de cargos ou ajustar as já existentes. Planos de treinamento corporativos para desenvolvimento contínuo de competências técnicas e comportamentais também poderão ser ajustados a partir dessa matriz, que na prática define como a organização funcionará a partir da introdução das mudanças.

Ainda que impactos da mudança possam ser identificados preliminarmente, a definição de papéis e responsabilidades deve ser realizada durante o ciclo de desenvolvimento na medida em que os produtos e serviços tomam sua forma final. Lembre-se de que testar, comprovar ou descartar hipóteses é um processo natural nas abordagens ágeis. Dessa forma, realizar definições com base em perspectivas preliminares pode ser um desperdício de tempo e energia.

A validação de uma *Release* para entrada em produção é um bom momento para a aprovação de papéis e responsabilidades, definidos em interações constantes com os *stakeholders* na medida em que produtos e serviços foram tomando sua forma final. Lembre-se do princípio do Manifesto Ágil que preconiza: "pessoas relacionadas a negócios e desenvolvedores devem trabalhar em conjunto e diariamente, durante todo o curso do projeto".

19.7. Assegurar o comprometimento das lideranças com a implantação, realizar a reunião de decisão da implantação e comunicar seu resultado

Enquanto nas abordagens lineares a implantação de um projeto se dá em um único momento durante a etapa de implantação, nas abordagens ágeis a implantação acontece de forma incremental, como parte de um ciclo de desenvolvimento após a validação de uma *Release*. Na prática, com o uso de abordagens ágeis temos várias implantações ao longo do projeto.

Assegurar o comprometimento das lideranças com a implantação é uma atividade que precede o processo decisório de implantação. Enquanto nas abordagens lineares temos tempo para ouvir os *stakeholders* individualmente, antever eventuais antagonismos e pontos de vulnerabilidade do projeto que poderão ser usados na reunião de decisão da implantação, nas abordagens ágeis essa é uma atividade dinâmica que exige interação constante com os *stakeholders*, especialmente com aqueles que não fazem parte da equipe de projeto. Mais uma vez as conversas individuais, se possível cara a cara, terão grande valor para você compreender eventuais inseguranças, pontos de desconforto e outros fatores que estão levando um *stakeholder* a adotar certa posição frente à mudança iminente. Compartilhe suas percepções em relação ao nível de compromisso dos *stakeholders* que participarão da reunião de decisão de implantação com o patrocinador e líderes da equipe do projeto. Discuta as ações que podem ser realizadas para ampliar o engajamento dos *stakeholders* que ainda apresentam algum nível de antagonismo.

O processo decisório da implantação de uma *Release* vai além de ter um produto ou serviço pronto. A implantação tocará nas pessoas e introduzirá mudanças no ambiente organizacional. É possível que o que foi desenvolvido pelo projeto esteja pronto, mas a organização, do ponto de vista humano, não esteja preparada para lidar com a mudança. Em nossa abordagem de Gestão de Mudanças, após a implantação essas mudanças precisam ser sustentadas, daí a importância de levar em conta no processo decisório de implantação, além de questões técnicas e mercadológicas, os indicadores de prontidão da mudança.

Muitos projetos são bem-sucedidos na entrega dos produtos e serviços previstos e malsucedidos em entregar os verdadeiros motivadores da empreitada – objetivos estratégicos.

Algumas boas práticas devem ser consideradas na condução do processo decisório de implantação:

- ✓ Acompanhe de perto o nível de conforto ou desconforto dos *stakeholders* com as mudanças. Tente compreender a causa-raiz de comportamentos não esperados e planeje ações para reverter posturas antagonistas antes de chegar à reunião de decisão com a implantação.
- ✓ Use processos participativos, dando voz à equipe de projeto, aos *stakeholders* decisores e ao patrocinador. Avalie a necessidade de incluir na decisão outros *stakeholders*, como RH, marketing, jurídico, etc.
- ✓ Ao avaliar se o produto ou serviço está pronto e maduro para ser implantado, considere ainda se a organização está pronta para absorver as mudanças.
- ✓ Use indicadores de prontidão da mudança como referência quantitativa e qualitativa para orientar as decisões e criar a mobilização necessária para o processo de sustentação das mudanças.

- ✓ Alinhe o entendimento comum em relação à decisão tomada. Escreva em um quadro a sentença que define a decisão e, se necessário, pontos de atenção, tais como: medidas de contingência, compromisso dos *stakeholders* com seu papel de copatrocinador da mudança e pontos críticos a serem acompanhados na etapa de sustentação.
- ✓ Prepare o patrocinador para que ele seja o último a falar. Estimule-o a convocar a mobilização de todos os que participaram da decisão a atuem como agentes da mudança, independentemente de suas posições durante a reunião. Eventuais discordâncias devem ficar restritas ao processo decisório. Uma vez que a decisão está tomada, esta passa a ser a posição da organização e não do projeto, do patrocinador, de um ou outro *stakeholder*.
- ✓ Comunique a decisão por meios formais assim que possível. Prepare um guia de uma página para que aqueles que apoiarão a comunicação interpessoal, inclusive *stakeholders* decisores e embaixadores da mudança, tenham um discurso uníssono.

Busque *feedback* de forma ativa interagindo com os *stakeholders* mais afetados pela mudança. Use esse momento para compreender como eles estão se sentindo em relação ao futuro. Ouça muito e fale o necessário. Muitos apenas precisam ser ouvidos para expressar suas emoções e se sentirão lisonjeados com a atenção que você está dispensando em uma conversa cara a cara, seja esta individual ou em pequenos grupos.

20. Implantação

Nas abordagens lineares a implantação é uma etapa com diversas macroatividades a serem desenvolvidas para a tomada de decisão em relação à implantação ou postergação do projeto.

Nas abordagens ágeis não tratamos a implantação como uma etapa, mas como uma atividade que se repete de forma incremental para cada *Release* que entregará o produto ou serviço em sua forma final.

Nosso modelo de Gestão de Mudanças propõe que as questões humanas sejam endereçadas como parte do ciclo de desenvolvimento, em macroatividades como, por exemplo: "avaliar e endereçar os impactos organizacionais", de forma que possam também fazer parte do processo de validação de uma *Release* e da decisão de sua implantação. Não basta ter o produto pronto. É preciso também ter a organização pronta para a mudança.

Uma vez realizada a implantação, faz-se necessária a busca ativa por *feedbacks* junto aos *stakeholders*. Esses *feedbacks* servirão como insumos para o processo de priorização das próximas *Releases* ou iterações.

Os *feedbacks* não devem estar restritos aos produtos ou serviços, mas também aos aspectos humanos. A resposta que buscamos está relacionada com o quão certa estava a nossa avaliação em relação à adesão provável à mudança e ao nível de resistência dos *stakeholders*. Essa avaliação nos permitirá calibrar melhor o Mapa de *Stakeholders*, definir ações prioritárias de engajamento e ainda a inferir o esforço que será necessário na próxima etapa – a sustentação da mudança.

A implantação de uma *Release* é um passo importante na construção de um produto ou serviço que motivou o desenvolvimento do projeto. Portanto, tomamos emprestado uma macroatividade tipicamente realizada nas abordagens lineares durante o encerramento de um projeto – a celebração dos marcos alcançados.

A cada implantação celebre com entusiasmo os desafios superados na direção do produto final a ser entregue pelo projeto. Celebrações mantêm a equipe unida, reforçam a motivação, estimulam a autoestima e o senso de pertencimento, promovem a percepção de que o projeto é uma grande oportunidade de carreira e ajudam a contagiar os *stakeholders* que não estão diretamente trabalhando no projeto, e por consequência reduzem a força de antagonistas e estimulam o engajamento.

21. Sustentação da mudança

Metodologias e *frameworks* ágeis na maioria dos casos estão mais focados no desenvolvimento de produtos e serviços do que na entrega das mudanças. Na verdade, essa é uma característica também de muitas das abordagens lineares de gestão de projetos.

A Gestão de Mudanças vai um passo além, pois entende que o sucesso do projeto está ligado aos objetivos estratégicos que motivaram a empreitada, e esses só podem ser mensurados com o tempo, na medida em que as mudanças se consolidam. Depois da implantação é necessário sustentar as mudanças para evitar que a resistência natural de alguns *stakeholders* os mantenha presos em sua zona de conforto, dificultando, quando não impedindo, a consolidação das mudanças. Sustentar a mudança permite ainda o aprimoramento das entregas do projeto, tanto do ponto de vista dos produtos ou serviços desenvolvidos quanto da perspectiva das mudanças organizacionais.

A mudança organizacional é resultante do conjunto das mudanças individuais. Se as pessoas não mudarem, não adotarem o novo modelo de trabalho, a organização se mantém estática, não evolui e não alcança seus objetivos estratégicos.

É com base nesta premissa que, em nossa abordagem, o ciclo de desenvolvimento não se encerra com a implantação, mas segue para uma próxima fase de sustentação das mudanças.

O processo de sustentação das mudanças demanda uma série de atividades e boas práticas, dentre as quais destacamos:

- ✓ Manter a comunicação com os *stakeholders*.
- ✓ Revisar e divulgar indicadores de consolidação da mudança. Muitos virão do *Business Case*, das expectativas levantadas com os *stakeholders* e da relação de indicadores de prontidão para mudança. Outros são definidos no planejamento da *Release* ou poderão ainda ser criados nesta etapa do projeto.

- ✓ Estabelecer contato intenso, direto, cara a cara com os *stakeholders* para buscar *feedback*.
- ✓ Avaliar e endereçar impactos organizacionais não identificados anteriormente.
- ✓ Intensificar a gestão de *stakeholders* discutindo com a equipe de projetos, patrocinador e RH estratégias para lidar com antagonismos.
- ✓ Realizar *workshops* de melhoria contínua para ouvir as necessidades e os desejos dos *stakeholders* em relação aos produtos, serviços, processos e suas inquietudes relacionadas com as mudanças.
- ✓ Compartilhar *feedbacks* com a equipe do projeto para que sejam considerados nos próximos ciclos de priorização de iterações e *Releases*.

Há alguns anos trabalhamos em um projeto de consultoria que introduziria um novo produto no portfólio da organização. Ao longo de seu desenvolvimento o produto se mostrou viável e promissor, com potencial para gerar novas receitas e ainda melhorar a imagem da empresa no mercado. Do ponto de vista de desenvolvimento do produto tudo correu bem, entretanto, o sucesso da empreitada dependia ainda de outros elementos, como campanhas de marketing, preparação da equipe comercial e do atendimento ao cliente que era realizado através de uma central de atendimento (*call center*) própria.

Apesar do projeto ter envolvido todas essas áreas, a equipe da central de atendimento se sentia sobrecarregada com a demanda de trabalho já existente. Seus líderes não foram capazes de perceber a real dimensão desse impacto organizacional e assumiram que a ampliação da central de atendimento seria menor do que o necessário.

Como resultado, a implantação do produto foi bem-sucedida. Marketing e comercial fizeram um ótimo trabalho e o produto realmente agradou bastante os consumidores. Entretanto, o sucesso do produto e o aumento das vendas fizeram com que a equipe da central de atendimento não conseguisse tratar as demandas do pós-venda de maneira adequada. O estresse foi aumentando, a equipe da central de atendimento passou a ver a mudança como uma ameaça ao seu desempenho e a qualidade do serviço passou a ser considerada um problema.

Neste caso em particular, se não houvesse um processo estruturado de sustentação das mudanças introduzidas na central de atendimento, o resultado do projeto não seria o mesmo. Logo percebemos que ajustes nesta área precisariam ser rapidamente realizados. De imediato, parte do atendimento foi terceirizado para reduzir o estresse da equipe própria, ampliar a capacidade de atendimento e o nível de satisfação dos clientes. Na sequência, uma das *Releases* foi inteiramente dedicada a automatizar algumas funções da central de atendimento até que os indicadores de satisfação dos clientes fossem estabilizados. Membros da central de atendimento mais experientes e formadores de opinião foram mobilizados no desenvolvimento da *Release* de autoatendimento dos clientes, o que influenciou bastante na melhoria do serviço e no engajamento dos demais *stakeholders*.

Somente a partir do tratamento desse impacto da mudança, que fora subestimado, chegamos à assimilação total pela equipe da central de atendimento. Note que o sucesso de um projeto não pode ser auferido logo após sua implantação, posto que dependerá de outros fatores essenciais para que os objetivos estratégicos sejam alcançados.

Uma situação comum em projetos com abordagens ágeis é que demandas de ajustes decorrentes dos *workshops* de melhorias contínuas realizados com os usuários passem a concorrer por prioridade nos ciclos de desenvolvimentos. É importante ressaltar que, ainda que uma iteração seja destinada a correção de erros ou ajustes, esta deveria produzir ao final um incremento de produto potencialmente utilizável, ou seja, deve agregar funcionalidades ao incremento da iteração anterior, para que seja possível completar um novo ciclo de *feedback*: construir, medir e aprender.

A priorização deve levar em conta não só a melhoria em produtos e serviços, mas também demandas que apoiarão o engajamento. Ao verem suas demandas atendidas, os *stakeholders* tendem a ampliar sua conexão com as mudanças, reduzindo por consequência fatores que estimulam o antagonismo.

Abordagens ágeis são altamente inclusivas no que diz respeito à participação das áreas de negócio. O Manifesto Ágil inclui princípios que estimulam o engajamento, reduzindo o esforço de sustentação das mudanças. Dentre esses princípios podemos destacar:

- ✓ Nossa maior prioridade é satisfazer o cliente, através da entrega adiantada e contínua de software de valor (**nota:** embora o Manifesto Ágil tenha sido escrito no contexto da indústria de software, ressaltamos que o *HCMBOK® to Agile*, e as próprias abordagens ágeis, no geral, não são restritas a software).
- ✓ Aceitar mudanças de requisitos, mesmo no fim do desenvolvimento. Processos ágeis se adequam a mudanças, para que o cliente possa tirar vantagens competitivas.
- ✓ Pessoas relacionadas a negócios e desenvolvedores devem trabalhar em conjunto e diariamente, durante todo o curso do projeto.

✓ Processos ágeis promovem um ambiente sustentável. Os patrocinadores, desenvolvedores e usuários devem ser capazes de manter indefinidamente passos constantes.

Ainda assim, o processo de mudanças não é fácil de ser assimilado por parte dos *stakeholders*, especialmente daqueles que estão mais distantes do desenvolvimento do projeto. É possível que em alguns casos tenhamos uma segunda *Release* sendo implantada enquanto a primeira ainda não está totalmente consolidada e segue demandando sustentação. Nesses casos é importante compreender a causa-raiz que está levando a mudança a enfrentar um nível de resistência maior do que o esperado, aprender com esse evento e corrigir pontos do projeto que levaram a essa situação.

Uma mudança pode ser considerada sustentável quando os indicadores quantitativos e qualitativos se mostrarem consistentes. No HCMBOK® elencamos indicadores qualitativos que podem ser observados no desenvolvimento dessa macroatividade. Apenas após todas as *Releases* se mostrarem sustentáveis e os objetivos estratégicos serem alcançados poderemos considerar o projeto concluído e entrar em uma nova etapa – o encerramento do projeto.

22. Encerramento

O encerramento do projeto é uma etapa que acontece quando todas as *Releases* implantadas estão consolidadas e as mudanças organizacionais foram institucionalizadas. Note que aqui há uma grande diferença entre abordagens lineares e ágeis. Nas abordagens lineares a etapa de encerramento precede a etapa de produção, que é o momento em que ocorre a sustentação das mudanças. Já nas abordagens ágeis, a sustentação é realizada como parte do ciclo de desenvolvimento, sempre que uma *Release* entra em produção. Ainda assim temos aqui algumas macroatividades importantes que devem ser realizadas para que o projeto possa de fato ser encerrado. Nas figuras 22.1 e 22.2 apresentamos o posicionamento da etapa de encerramento nas abordagens lineares e ágeis.

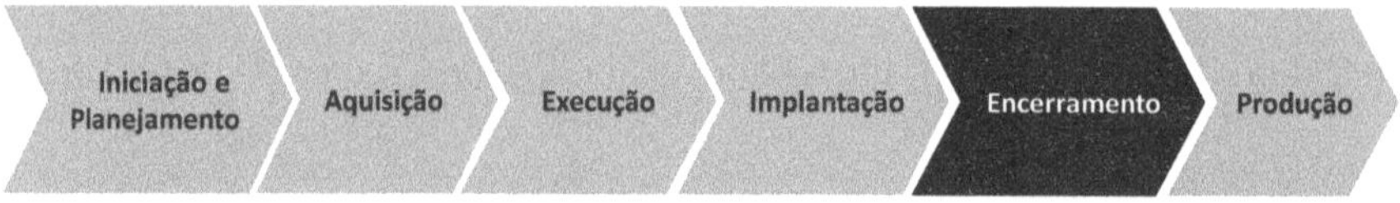

Figura 22.1. Sequência de etapas em abordagens lineares de gestão de projetos

Essa é uma etapa de projeto curta, que pode durar poucas horas ou no máximo poucos dias. Isso dependerá do porte e da complexidade do projeto.

Todo projeto faz parte do processo de transformação organizacional, isto é, a entrega de uma parte da estratégia. Ao longo dos ciclos de desenvolvimento do projeto muitas lições foram aprendidas. Algumas dizem respeito exclusivamente ao projeto em questão, mas outras podem deixar um legado importante para a organização, se forem estruturadas em um Mapa de Lições Aprendidas. Esse mapa faz parte dos ativos intangíveis da organização e pode ser integrado como parte do processo de gestão do conhecimento. A maneira como o mapa será estruturado e a área que ficará encarregada por mantê-lo atualizado dependerão da cultura e do nível de maturidade da gestão do conhecimento na organização. O certo é que o Mapa de Lições Aprendidas é um insumo importante a ser utilizado em projetos futuros.

Figura 22.2. Posicionamento da etapa de encerramento em projetos conduzidos com abordagens ágeis

A etapa de encerramento é também a última oportunidade para que se avalie se o projeto está entregando as melhores condições possíveis para que todas as mudanças se mantenham sustentáveis no futuro. *Stakeholders* antagonistas, que atuam como boicotadores velados, podem entrar em cena depois que ocorre toda a desmobilização do projeto, para tentar voltar aos poucos ao estado que antecedeu às mudanças. Duas condições que costumam estimular boicotes são:

- ✓ Quando a equipe técnica que deve manter o produto ou serviço funcionando não está habilitada para fazê-lo e ao ocorrerem problemas ou necessidades de manutenção essa fragilidade fica evidente. Boicotadores velados podem aproveitar essa situação para tentar demonstrar que as mudanças não foram benéficas, deixaram a empresa vulnerável e que esse problema não existia antes das mudanças serem introduzidas.
- ✓ Quando os usuários não estão adequadamente preparados para manter o domínio operacional em situações especiais que demandem muito conhecimento e/ou não estão habilitados para treinar novos usuários. O conhecimento nesse caso foi perdido ou nunca foi adequadamente tratado e as condições de excelência operacional, com o passar do tempo, se tornarão cada vez mais frágeis. Eis outra situação que os boicotadores velados podem

aproveitar para tentar afetar a sustentabilidade das mudanças e retroagir ao estado anterior.

Apesar de todo o esforço de sustentação e consolidação das mudanças, a principal característica de *stakeholders* que atuam como boicotadores velados é justamente a dissimulação. Uma pessoa perspicaz pode só demonstrar sua verdadeira insatisfação com a mudança após a conclusão do projeto, quando a mobilização do patrocinador e da equipe do projeto já não existe. Para evitar essas duas situações anteriormente mencionadas é importante realizarmos duas macroatividades ao longo do projeto:

- ✓ Assegurar a preparação dos usuários para treinar novos colaboradores.
- ✓ Assegurar a preparação da equipe de manutenção e suporte na fase pós-projeto.

Estamos nos aproximando do fim de uma jornada desenvolvida para entregar objetivos estratégicos. Esse é o momento de celebrar as conquistas, metas alcançadas, reconhecer o desempenho da equipe e de indivíduos que se destacaram. Essas atividades podem ser realizadas em um só evento ou em eventos distintos.

Criar marcos que ressaltam a evolução da empresa guiada por suas diretrizes estratégicas é sempre importante e ajuda muito a criar um clima positivo de engajamento nos projetos e mudanças que certamente ocorrerão no futuro. Impulsionar o processo de transformação organizacional é o principal sentido desta atividade, estimulando a percepção dos colaboradores de que projetos são excelentes oportunidades de desenvolvimento profissional. O cuidado aqui é calibrar a celebração. Certamente esse é o momento de celebrar o fim do projeto, entretanto, em alguns casos os objetivos estratégicos ainda demandam algum tempo para serem 100% alcançados. Se necessário, ao celebrar o término do projeto, deixe claro que os objetivos estratégicos ainda necessitarão de algum tempo para serem celebrados.

Quando falamos em celebração e reconhecimento, não estamos falando necessariamente de um megaevento. A maneira como cada empresa realiza essas atividades está diretamente relacionada com sua cultura organizacional.

23. Macroatividades recorrentes

Macroatividades recorrentes são aquelas que devem ser realizadas ao longo de todo o ciclo de implantação de uma mudança, desde a priorização do projeto no portfólio até a consolidação das mudanças.

Podemos antecipar que as boas práticas dessas macroatividades não diferem em um projeto conduzido com abordagem linear ou ágil. Considerando que as boas práticas e ferramentas já são apresentadas no HCMBOK®, trataremos adiante apenas de peculiaridades e detalhes que são específicos ou extremamente relevantes nas abordagens ágeis.

Macroatividades recorrentes tratam de temas que se correlacionam de forma orgânica, de causa e efeito uns sobre os outros. Uma equipe com excesso de estresse tende a ter mais conflitos, que por sua vez afetarão o espírito de equipe e a motivação, por exemplo. Essa mesma equipe, se motivada, amplia sua tolerância ao estresse e tende a cooperar e a cultivar o espírito de equipe. O efeito positivo ou negativo dependerá muito da gestão dessas macroatividades.

23.1. Planejar e gerir a comunicação

Comunicação é um tema particularmente sensível em processos de mudanças. Segundo *benchmark* desenvolvido pelo PMI® e publicado pelo PMSURVEY.ORG 2013, 86% das organizações relatam que a comunicação é o problema número 1 em projetos.

Estudo promovido pela Dra. Vanessa K. Bohns (*associate professor of Organizational Behavior* na ILR School da Cornell University) publicado na *Harvard Business Review* em abril de 2017 relata que a interação presencial é 34 vezes mais eficaz do que contatos feitos por e-mail. Interessante perceber o alinhamento dessa pesquisa com os valores e princípios do Manifesto Ágil escrito 16 anos antes desse estudo:

- ✓ Valor: "indivíduos e interações mais que processos e ferramentas".
- ✓ Princípio: "o método mais eficiente e eficaz de transmitir informações para e por dentro de um time de desenvolvimento é através de uma conversa cara a cara".

Como já dissemos, comunicação é um potencial ponto de convergência entre as atividades típicas do gestor de mudanças e da equipe de um projeto desenvolvido com abordagem ágil. A clara definição de papéis e responsabilidades, desde a elaboração do Plano Estratégico de Gestão de Mudanças, necessariamente deve endereçar esse tema. Independentemente de quem será o responsável por essa atividade, o gestor de mudanças terá um papel importante em sugerir boas práticas e precisa ficar atento especialmente à necessidade de comunicações não planejadas (extraordinárias), que chegam a representar 70% das demandas de comunicação de um projeto.

Frequentemente profissionais da equipe do projeto, que não estão bem preparados para conduzir comunicações em processos de mudanças, ficam mais atrelados à comunicação formal de evolução do projeto, seus produtos e/ou serviços entregues, deixando de lado a comunicação direta, informal, focada nas pessoas e em suas necessidades de atenção causadas pela tensão das mudanças.

Ouvir é mais importante do que falar quando estamos interagindo com *stakeholders* afetados pelas mudanças. É através da escuta ativa e empática que nos conectaremos com as pessoas e conseguiremos compreender suas inseguranças e inquietudes relacionadas com as mudanças que serão introduzidas pelo projeto.

Comunicação empática é uma das boas práticas a serem cultivadas pelo profissional de projetos e mudanças. De acordo com a teoria do Dr. Ned Herrmann (1989), o ser humano tem quatro áreas de dominância cerebral. Cada uma delas apresenta uma característica que influencia nossos comportamentos, linguagem e a maneira como interpretamos as mensagens que recebemos. No HCMBOK® apresentamos em detalhes as boas práticas de comunicação considerando a dominância típica ou predominante de cada pessoa. De forma muito resumida, podemos dizer que a comunicação empática é uma técnica de comunicação na qual você se expressa adaptando o seu próprio estilo de dominância para interagir de forma mais eficaz levando em conta o estilo de seu interlocutor. Apresentamos a seguir um resumo dos estilos e suas principais características:

Dominância	Características
Analítico	Esse é o quadrante dos engenheiros, profissionais de TI, matemáticos, profissionais de finanças, executivos em geral, dentre muitos outros. Essas pessoas gostam de raciocínio lógico, pensamento cartesiano, dados e fatos. Sua melhor compreensão das mensagens se dá quando apresentamos estatísticas, gráficos, tabelas e tendências de forma clara e objetiva.
Controlador	Aqui estão muitos profissionais de projetos, PMOs, contadores, etc. Usam primordialmente a lógica, a sequência, pensamentos estruturados, padrões e planejamento. Ao interagir com uma pessoa deste estilo, seja direto, apresente os dados, plano de ação, medidas de contingência e cronogramas.
Relacionais	Estas são pessoas que gostam de pessoas, gostam de interagir, falar de sentimentos, emoções, percepções abstratas, são intuitivas e sensitivas. Profissionais das áreas de humanas e ciências sociais frequentemente têm esse perfil. Comece uma interação perguntando como ela está se sentindo, quais as suas percepções sobre o projeto, como ela está percebendo as reações humanas. Se tiver que discutir um planejamento, explore mais as ideias do que o plano formal.
Experimentais	Esse é o quadrante dos artistas, estrategistas e visionários. Tratar das ideias e da visão do todo é mais importante do que de detalhes. Gostam de criar e discutir opções. Deixe espaço para que elas contribuam. Não leve um plano ou uma sugestão fechada. Dê espaço para a colaboração e elas se sentirão mais confortáveis com sua interação.

Nosso cérebro é extremamente plástico e nossas dominâncias se adaptam ao longo da vida de acordo com nossas experiências e com o maior ou menor uso que fazemos dos quadrantes do cérebro. É natural que uma pessoa que goste de matemática e lógica vá estudar engenharia. Durante seu período na universidade ela estimulará ainda mais essa região do cérebro. Entretanto, ao longo de sua carreira poderá desenvolver novas habilidades. Caso se torne um líder e passe a lidar com maior frequência com as questões humanas, tenderá a desenvolver um pouco mais a dominância relacional. Da mesma forma, uma pessoa com alta sensibilidade aos temas humanos tem maior probabilidade de se interessar por psicologia ou ciências sociais, mas se ao longo de sua carreira emerge a uma posição executiva, passará a lidar frequentemente com dados, fatos, planejamento, decisões pragmáticas e naturalmente sua dominância analítica também será influenciada. Isso sem considerar as outras influências que teremos fora do âmbito profissional, mas que também afetarão nossa dominância cerebral.

Nada em relação ao ser humano pode ser determinístico. Todos temos um pouco de cada um dos quatro quadrantes. Todos, quando fazemos um *assessment* de dominância cerebral, temos que entender que o resultado é mera fotografia do momento. O que importa é que você compreenda o conceito e perceba as diferenças que caracterizam as pessoas com as quais você irá interagir. Se você é um típico relacional e vai conversar com um analítico sobre a evolução do nível de engajamento da equipe, mostre um quadro comparativo com dados e fatos, números e percentuais. Falar apenas de seus sentimentos não será nada empático e provavelmente a interação não trará o melhor resultado. Ao mesmo tempo, se você é o controlador e precisa interagir com um experimental, prepare-se para ter um nível de tolerância maior com o estilo de seu interlocutor. Ele terá dificuldade de tratar dos detalhes, mas gostará muito de discutir as ideias. Cultive o hábito de compreender o estilo dos outros para saber como desenvolver uma comunicação eficaz atuando de forma empática, isto é, de acordo com o estilo do outro. O resultado de suas interações individuais e em grupos com características semelhantes tenderá a ser melhor.

Comunicação exige foco no *timing* para que não existam *gaps* entre os eventos e o processo de comunicação. O silêncio comunica e gera incertezas que por vezes espalham mitos e boatos entre os *stakeholders*. Em alguns locais esse tipo de comunicação é chamado de "rádio corredor" ou "rádio peão" e tem um tremendo potencial para distorcer a realidade não comunicada no tempo adequado.

Dependendo da abordagem ágil adotada, podem existir rituais formais de comunicação da equipe de projetos com os *stakeholders* responsáveis pela validação dos produtos ou serviços. Esses rituais ocorrem tipicamente na entrega de um ciclo de desenvolvimento e sem dúvida são importantes, pois o *feedback* recebido será um fator de decisão, ajustes e priorização dos próximos passos do projeto.

A comunicação no ambiente interno do projeto também tende a ser facilitada, pois processos participativos que visam definir prioridades e promover discussões frequentes voltadas ao aprendizado e às melhorias contínuas costumam fazer parte das abordagens ágeis. Os quadros de *Kanban* são muito úteis para dar visibilidade às tarefas em desenvolvimento e manter o alinhamento da equipe do projeto. Integrar e sincronizar as atividades de Gestão de Mudanças e projetos usando o *Kanban* como ferramenta é uma excelente opção para que a equipe do projeto se mantenha ligada não só com suas entregas, mas também com as atividades que apoiarão a introdução das mudanças organizacionais.

Note que os rituais de comunicação de abordagens ágeis estão mais direcionados para o projeto e suas entregas do que para as mudanças organizacionais. O ponto de atenção está relacionado com a comunicação direcionada aos *stakeholders* que não estão participando diretamente do projeto, mas serão afetados pelas mudanças.

As boas práticas de Gestão de Mudanças podem ser úteis, endereçando a necessidade de comunicação multidimensional contínua – individual e em massa, direta e indireta, virtual e presencial, ativa e passiva – com os *stakeholders* que serão tocados pelas mudanças introduzidas pelo projeto.

A comunicação é das mais poderosas armas da Gestão de Mudanças, na medida em que conecta as pessoas continuamente com as mudanças, gera a percepção de transparência, reduz a insegurança psíquica, limita a força dos antagonistas em espalhar boatos, amplia a compreensão do propósito da mudança (por que mudaremos) e consequentemente o engajamento.

O papel do gestor de mudanças na comunicação inclui ainda perceber o nível de engajamento ou antagonismo, uma vez que, tendo interação direta com os *stakeholders*, poderá perceber o quão confortáveis estão com as mudanças em curso. O corpo fala e cada interação com os *stakeholders* pode revelar muito mais do que as palavras que são ditas.

São essas peculiaridades da comunicação que você, quando atuando no papel de gestor de mudanças, pode assumir como membro de apoio à equipe do projeto, desde que isso esteja alinhado e documentado na definição de papéis e responsabilidades.

São diversas as técnicas de comunicação com os *stakeholders* que podem ser usadas pelo gestor de mudanças para estímulo frequente do engajamento.

Uma das boas práticas que pode ser aplicada em projetos de grande porte ou em organizações com alta dispersão geográfica é o uso de "embaixadores da mudança". Esses são profissionais que não fazem parte da equipe do projeto. Atuam como agentes multiplicadores das comunicações no campo, no chão de fábrica, nos diversos departamentos da organização, interagindo diretamente com os *stakeholders* afetados pela mudança.

Os embaixadores da mudança são pessoas escolhidas entre o grupo de entusiastas classificados como *stakeholders* vendedores da mudança. Seu papel deve ser reconhecido publicamente como de destaque em algum evento do projeto, como o *kick-off*, por exemplo. É preciso que estes se sintam orgulhosos em participar da mudança e exercer essa função tão relevante de assegurar que a comunicação flua de forma organizada por todos os níveis da estrutura organizacional.

Tipicamente, embaixadores da mudança são pessoas que têm o perfil de formadores de opinião e que precisam ser bem orientadas para compreender que não terão todas as respostas, mas que são um elo de comunicação entre os *stakeholders* e o projeto. Sua atuação se dá em rápidas reuniões feitas de pé, na área onde o público trabalha e estruturadas com base em um pequeno relatório de uma página, preparado por você, com as manchetes principais do projeto (*one page report*).

Além de falar, o embaixador da mudança deve estar preparado para ouvir, capturando as principais dúvidas, questões e inseguranças dos interlocutores para que possa levá-las para o gestor de mudanças. Se bem preparados, os embaixadores da mudança poderão inclusive trazer *feedbacks* de sua percepção da adesão dos *stakeholders* em relação às mudanças.

Ao usar essa técnica, além de calibrar melhor sua percepção de engajamento, muitas vezes você ficará surpreso em saber que temas já informados não foram capazes de suprir as demandas de comunicação e especialmente segurança psíquica dos *stakeholders*. Novas questões que você nem imaginava que precisam ser endereçadas surgirão e isso lhe permitirá ampliar em muito a eficácia da comunicação.

Discuta as percepções acerca da mudança e as questões trazidas pelos embaixadores das mudanças com a equipe do projeto. Prepare as respostas para esses temas emergentes o mais rápido possível, evitando *gaps* entre os questionamentos e a próxima interação com os *stakeholders*.

Para reforçar o papel e a relevância dos embaixadores da mudança, promova encontro destes em um café da manhã, por exemplo, com o patrocinador. Entregue *pins* ou *bottons* com a logomarca do projeto para que estes possam ser facilmente identificados. Por vezes eles serão abordados pelos *stakeholders* em áreas comuns da empresa como o restaurante e a cafeteria, por exemplo.

Algumas pessoas que não foram previamente selecionadas para atuação como embaixadores da mudança poderão se voluntariar para essa atividade, o que será um excelente sinal de que sua estratégia está funcionando.

Note que técnicas desse tipo são típicas de profissionais que estão focados na gestão do fator humano no processo de mudanças e em geral não são parte do arsenal de abordagens de comunicação usadas pela equipe que conduz um projeto. Eis um bom exemplo de atuação conjunta do gestor de mudanças integrado com a equipe de um projeto conduzido com abordagem ágil. Atuando dessa forma, onde poderia haver conflito de papéis, encontraremos cooperação e complementaridade.

O processo de comunicação exige atenção em relação a alguns marcos e eventos específicos do projeto. Os principais são:

- ✓ Quando o projeto for aprovado e priorizado no portfólio. Aqui muitas vezes a falta de comunicação estimula especulações sobre as mudanças que acontecerão.
- ✓ No momento em que o propósito da mudança é desenvolvido. O propósito é um importante elemento que explica por que as mudanças são necessárias.
- ✓ Na definição ou revisão do plano de *Releases*, que é o momento em que se tem uma expectativa preliminar da sequência de introdução das mudanças.
- ✓ No caso de ajustes, rejeição ou cancelamento de uma iteração ou *Release*. Manter os *stakeholders* alinhados será fundamental para a gestão das expectativas.
- ✓ Durante um ciclo de desenvolvimento de uma iteração, quando *stakeholders* precisam ser mobilizados para treinamentos.
- ✓ Nos marcos de acompanhamento dos indicadores de prontidão para mudança que devem ser apresentados e discutidos junto com as entregas de uma iteração ou *Release*. A validação de uma *Release* em especial demanda comunicação desses indicadores para criar uma atmosfera positiva para a mudança.
- ✓ Na aprovação de uma *Release* que será implantada. Esse é um ponto vital de comunicação, uma vez que a implantação de uma *Release* introduzirá mudanças organizacionais e mobilizar os *stakeh*olders será fundamental para o sucesso da empreitada.
- ✓ Ao longo de todo o processo de sustentação das mudanças. Informar os indicadores quantitativos e qualitativos de consolidação da mudança dá transparência ao processo, estimula o engajamento dos retardatários e sinaliza a necessidade de se manter a mobilização do patrocinador, copatrocinadores e agentes das mudanças. Ainda durante a sustentação das mudanças, executamos o processo iterativo de melhorias contínuas, cujas demandas e resultados também precisam ser comunicados.

23.2. Formar espírito de equipe e realizar dinâmicas de reforço

Na terceira edição do HCMBOK® começamos o capítulo que trata da formação do espírito de equipe lembrando de um antigo provérbio africano que diz: **"Para ir rápido, vá sozinho. Para ir longe vá acompanhado"**.

Ir longe no contexto que estamos abordando significa ir ao encontro dos objetivos estratégicos que motivaram o projeto. Nesse sentido, trabalhar em equipe, seja em um projeto de pequeno porte ou de larga escala, será fundamental. Uma equipe de um projeto ágil tem como característica a diversidade de perfis, papéis e responsabilidades.

Pelo menos quatro princípios do Manifesto Ágil reforçam a importância do trabalho em equipe. São eles:

- ✓ Pessoas relacionadas a negócios e desenvolvedores devem **trabalhar em conjunto** e diariamente durante todo o curso do projeto.
- ✓ Processos ágeis promovem um ambiente sustentável. Os patrocinadores, desenvolvedores e usuários **devem ser capazes de manter indefinidamente passos constantes**.
- ✓ As melhores arquiteturas, requisitos e designs emergem de **times auto-organizáveis**.
- ✓ Em intervalos regulares, **o time reflete sobre como ficar mais efetivo**, então se ajustam e otimizam seu comportamento de acordo.

Note que alguns dos fundamentos para formação do espírito de equipe estão resumidos nesses princípios, como podemos ver a seguir:

- ✓ Uma boa equipe trabalha "**em conjunto**" para ter alto nível de cooperação.
- ✓ Ser "**capaz de manter indefinidamente passos constantes**" na prática significa trabalho em harmonia e sincronismo.
- ✓ "**Times auto-organizáveis**" exigem tremendo respeito às diferenças, ao compartilhamento de opiniões e capacidade de abrir mão de suas posições pessoais em prol da equipe.
- ✓ Um "**time que reflete em como ficar mais efetivo**" demonstra adaptabilidade e sobretudo capacidade de reconhecer suas próprias deficiências e humildade para corrigi-las.

Há ainda outros elementos importantes que precisam ser considerados na formação do espírito de equipe quando tratamos de abordagens ágeis. Em alguns métodos ou *frameworks* a figura do gerente do projeto pode não existir. A liderança no desenvolvimento do projeto é compartilhada entre os membros da equipe. Precisamos aqui observar a importância da liderança situacional, isto é, a liderança que cada qual assume de acordo com as circunstâncias e as decisões que precisam ser tomadas.

Um dos pilares do TPS (*Toyota Production System*), como mencionamos no Capítulo 2, é *Jidoka*, que consiste em conferir à equipe a prerrogativa de interromper a operação a qualquer momento, sempre que uma anomalia fosse detectada ou quando a produção planejada fosse alcançada. Uma das formas de assegurar essa autonomia da equipe e o funcionamento do conceito *Jidoka* era por meio de um poderoso sistema de controle visual, chamado de corda *Andon*.

Note que a equipe aqui assume alta responsabilidade e está empoderada para tomar decisões muito sérias em relação ao processo produtivo. A base para que um modelo desse tipo funcione bem é o empoderamento, mas também a confiança dos liderados em seus líderes e vice-versa. Regras claras e limites, também chamados de restrições, papéis e responsabilidades bem definidos são elementos complementares para que um modelo de alta delegação desse tipo funcione adequadamente.

Outra peculiaridade das abordagens ágeis é a dinâmica de interação do patrocinador como figura de liderança e inspiração para os membros da equipe do projeto. O patrocinador precisará atuar próximo da equipe, estimulando com maior frequência do que nas abordagens lineares a confiança da equipe nele mesmo e entre seus membros. Veja que o patrocinador é mencionado em um dos princípios do Manifesto Ágil como uma figura que deve manter "**passos constantes**" com a equipe do projeto e os usuários.

Assegurar que todos conheçam a direção comum a ser tomada é um dos pontos que discutimos quando tratamos do planejamento do produto e do desenvolvimento de sua visão. Ainda dentro de nossa proposta de Gestão de Mudanças em abordagens ágeis, tratamos anteriormente da criação de um propósito que seja capaz de deixar claro por que a mudança é necessária. Esse é outro elemento importante que coloca a equipe no mesmo rumo, sendo guiada por uma profunda compreensão de sua missão em relação aos motivadores da mudança e aos objetivos estratégicos a serem perseguidos.

Se, por um lado, projetos de pequeno porte conduzidos com abordagens ágeis tendem a favorecer o espírito de equipe, nos de larga escala podemos ter várias equipes atuando em paralelo nos ciclos de desenvolvimento do projeto. O desafio nesse caso será a integração das diversas equipes, evitando que elas formem pequenos núcleos que compitam entre si. O ego é o maior inimigo das equipes. Quando focamos de forma egoísta e egocêntrica em nossas entregas sem considerarmos que nosso compromisso está relacionado com algo maior que é a entrega de um produto ou serviço de excelência, deixamos de cooperar e passamos a competir. Em casos desse tipo, o desafio será manter o sincronismo das atividades, gerenciar a dependência entre times, a integração dos produtos gerados ao final das iterações e a cooperação entre as equipes, deslocando eventualmente pessoas de um núcleo para apoiar o outro de forma a assegurar que todos caminhem no mesmo passo e cheguem ao destino no mesmo momento.

Ainda que tenhamos ressaltado que as características de um projeto conduzido com abordagem ágil, de maneira geral, favorecem o espírito de equipe, não podemos nos esquecer de que estamos lidando com a complexidade do fator humano. Tudo parece muito lógico quando tratamos de metodologias e *frameworks*, mas a prática nos mostra que os desafios para manter um grupo de indivíduos atuando como equipe são imensos. Não sem motivos, este item se chama "Formar espírito de equipe e realizar dinâmicas de reforço". Formar o espírito de equipe em projetos de larga escala e estressantes, por vezes, é uma atividade bem mais fácil do que mantê-lo. Por isso devemos realizar dinâmicas de reforço que podem incluir *workshops*, estabelecimento de metas (marcos importantes de entregas coletivas de resultados), celebrações e eventos sociais para estimular o afeto e companheirismo entre os membros da equipe.

Não podemos esquecer que somos seres movidos por questões lógicas, mas também psicológicas. Ainda que venhamos a participar de projetos com estruturas auto-organizáveis e mesmo autogerenciáveis, a organização segue sendo uma entidade hierárquica onde todos competem para chegar o mais próximo possível do topo da pirâmide. Antigos desafetos que precedem a definição da equipe do projeto poderão influenciar tremendamente o comportamento das pessoas. Por mais que a teoria nos mostre o quanto é melhor atuarmos juntos em prol de um resultado comum, somos humanos e é por isso mesmo que o espírito de equipe demanda tanta atenção, posto que pode ser uma alavanca para o alto desempenho ou, na falta dele, um ácido corrosivo que dificulta muito a entrega das mudanças tal qual planejadas.

23.3. Estimular processos participativos

Processos participativos fazem parte da essência das abordagens ágeis. No próprio Manifesto Ágil podemos encontrar o valor "Pessoas e interações sobre processos e ferramentas", além de princípios que estimulam a participação intensa dos *stakeholders*. Dentre esses princípios podemos destacar:

- ✓ Pessoas relacionadas a negócios e desenvolvedores devem trabalhar em conjunto e diariamente durante todo o curso do projeto.
- ✓ Processos ágeis promovem um ambiente sustentável. Os patrocinadores, desenvolvedores e usuários devem ser capazes de manter indefinidamente passos constantes.
- ✓ As melhores arquiteturas, requisitos e designs emergem de times auto-organizáveis.
- ✓ Em intervalos regulares, o time reflete sobre como ficar mais efetivo, então se ajustam e otimizam seu comportamento de acordo.

Note que para ser auto-organizável os membros da equipe precisarão estar em constante interação e participação na tomada de decisões. A participação da equipe do projeto é estimulada nos rituais de planejamento, nas discussões de lições aprendidas, no recebimento de *feedbacks* e processos de melhorias contínuas (inclusive durante a sustentação das mudanças).

A aplicação de processos participativos, na visão de Gestão de Mudanças organizacionais, busca dois objetivos:

- ✓ Gerar conexão das pessoas com o processo de mudanças através de sua colaboração. Quando um *stakeholder* participa do projeto e do processo de mudanças, estabelece-se uma percepção de pertencimento e conexão com a mudança, que é um catalisador do engajamento.
- ✓ Melhorar a qualidade do produto ou serviço em desenvolvimento através de diferentes perspectivas daqueles que tomam parte em processos participativos e da experiência do usuário.

Processos participativos podem ser usados para atividades simples, como, por exemplo, a criação da identidade (logo, slogan, etc.) do projeto, em atividades de cocriação de soluções técnicas e de negócio ou mesmo para questões relevantes, como a decisão de implantação ao não de um projeto.

Nos modelos ágeis de gestão de projetos os *stakeholders* devem participar do processo de seleção e priorização dos ciclos de desenvolvimento do projeto. Além disso, sessões interativas para colher *feedback* e acompanhar o desenvolvimento do projeto podem ser excelentes opções para execução do projeto com a colaboração dos *stakeholders*.

Para reduzir a possibilidade de um processo participativo ser utilizado como oportunidade de ataque de *stakeholders* antagonistas ao projeto, é importante observarmos a técnica de *briefing* preparatório da atividade. No *briefing* discutimos todas as vulnerabilidades do projeto, tentamos antever os possíveis ataques dos antagonistas e preparamos as respostas para que não sejamos surpreendidos. Por vezes, antes mesmo de uma questão ser levantada durante o processo participativo, a equipe do projeto a aborda e apresenta não só o quadro de vulnerabilidade, mas também as medidas de contorno adotadas.

Toda interação com os *stakeholders* é uma excelente oportunidade para observação de comportamentos. Quanto mais um *stakeholder* demonstrar atitude colaborativa ao longo das interações participativas, maior a possibilidade deste apresentar um bom nível de engajamento. Por outro lado, *stakeholders* que não aproveitam essas oportunidades para expor suas questões podem ainda apresentar algum nível de desconforto com as mudanças que estão sendo introduzidas pelo projeto. Omitir-se completamente por vezes é uma atitude de boicote à mudança, e, nesse caso, você terá que provocar a participação desse *stakeholder* com uma pergunta direta acerca de sua opinião sobre o tema em discussão. Como boa prática, toda interação participativa deve ser seguida de um *debriefing* do evento.

Realize o *debriefing* de forma objetiva, de pé, com os principais *stakeholders* que formam a equipe de Gestão de Mudanças e o patrocinador, em uma rápida reunião de 15 minutos para discutir o que foi observado ao longo do evento acerca do comportamento dos *stakeholders*. Defina quais atividades responsáveis pela avaliação de potenciais antagonismos serão desenvolvidas a fim de que as hipóteses discutidas possam ou não ser confirmadas e sobretudo tente descobrir a causa-raiz de comportamentos inusitados.

Caso você seja o responsável pela condução de processos participativos relevantes, não deixe de observar boas práticas, tais como:

- ✓ Selecione com cuidado os participantes. É melhor convidar alguém que não deveria participar do que deixar um *stakeholder* importante de fora do processo.
- ✓ Faça com que o patrocinador emita o convite, deixando claro que a participação é obrigatória. Caso o *stakeholder* não possa participar, ele poderá indicar um representante, mas que terá plenos poderes para tomar decisões em seu nome.
- ✓ Prepare o patrocinador para que ele seja o último a compartilhar sua opinião. Caso ele o faça antes, outros *stakeholders* podem se sentir compelidos a segui-lo, alegando que a decisão já havia sido tomada e que o processo nunca fora de fato participativo.
- ✓ Atue como moderador do evento. Provavelmente você é a pessoa mais bem preparada para orquestrá-lo.
- ✓ Defina as regras do jogo com o patrocinador e lideranças e comunique-as antes de começar o evento. Comunique o tempo que cada um terá para compartilhar sua posição e controle-o. Sem gestão, uma reunião participativa com muitos *stakeholders* pode acabar parecendo uma "reunião de condomínio" e não alcançar seus objetivos.
- ✓ Faça com que todos falem. Uma estratégia comum dos antagonistas é não participar para depois dizer que não encontraram espaço para emitir sua opinião.
- ✓ Assegure-se do entendimento comum de todos com a decisão tomada. Anote em um quadro ou *flip chart* uma sentença que defina a decisão tomada. Peça

que todos fotografem essa sentença para que estejam prontos para comunicá-la, caso sejam abordados antes de receberem o relatório formal da reunião. Prepare rapidamente um relatório de uma página resumindo o evento e a decisão tomada e envie para os participantes assim que possível.

- ✓ Defina com os participantes a estratégia de comunicação da decisão tomada. Deixe claro o modelo que todos devem adotar para comunicar as decisões aos seus liderados.
- ✓ A comunicação formal das decisões tomadas deve ser enviada pelo patrocinador, mas deixando claro que o processo foi participativo e quem estava presente.
- ✓ Solicite ao patrocinador que encerre o evento deixando claro qual foi a decisão tomada e que mesmo não havendo consenso o discurso comum que representará a organização será o mesmo para todos. Divergências cabem durante o processo participativo, nunca após sua conclusão.

23.4. Gerir o clima do projeto – Motivação, estresse, conflitos e comportamentos

A gestão do clima do projeto é tremendamente influenciada por esses quatro elementos, que acabam também interagindo com outras macroatividades recorrentes. Em um projeto com mais estresse do que a equipe pode aguentar, há maior probabilidade de parte da equipe apresentar comportamentos hostis, o que poderá estimular conflitos, afetar a motivação e possivelmente corroer o espírito de equipe.

23.4.1. Gerir conflitos

Os conflitos são parte da natureza humana e não necessariamente são um problema. Ao contrário, visões divergentes de uma mesma questão podem levar a uma terceira opção muito melhor do que as duas primeiras.

A maneira como os conflitos são geridos e principalmente a maturidade emocional da equipe do projeto serão elementos decisivos para que os conflitos sejam uma alavanca na busca das melhores soluções. No entanto, a verdade é que não podemos esquecer que o ser humano não é apenas feito de razão, mas também de emoção. Por vezes, a polarização em suas posições pode levar as pessoas a um estado alterado de conflito, quando uma das partes ou ambas deixam de discutir suas opiniões acerca de processos, produtos, alternativas de soluções, etc. e passam a questionar a outra pessoa diretamente.

É nesse momento que o conflito se transforma em um confronto, que se não for gerido pode levar a uma crise envolvendo outros *stakeholders*. A partir desse ponto, para as partes envolvidas, encontrar a melhor solução para a questão em discussão já não é o foco. Tudo que importa é fazer sua posição prevalecer. Choques de ego frequentemente fazem parte dessa complexa equação que leva a embates que podem facilmente funcionar como um ácido corrosivo do espírito de equipe, fragmentando a equipe em grupos com perspectivas distintas e antipatias difíceis de serem revertidas.

Os conflitos podem ter uma natureza lógica, isto é, duas ou mais pessoas encontram razões distintas para adotar uma opinião. Nesses casos, a opinião de especialistas, dados, fatos, *benchmarks* e outras referências racionais são suficientes para que uma parte compreenda o ponto de vista da outra e ajuste sua posição original. Há ainda os conflitos que são de natureza psicológica. Nesses casos a razão não prevalece. As emoções tomam o controle da discussão e a polarização desconhece limites. Note que alguns conflitos podem se apresentar como falso-lógicos. Isto é, os argumentos lógicos são evocados pelas partes apenas como uma justificativa para os reais motivadores do conflito, que, disfarçado sob a capa da razão, no fundo está recheado com emoções e posições pessoais das quais as partes não abrem mão.

Os tipos de conflitos não estão relacionados com a abordagem de um projeto. São inerentes ao ser humano e costumam acontecer com maior intensidade em ambientes onde há mais estresse, como nos projetos, especialmente quando a equipe está muito pressionada por questões de prazo, custo, expectativas não atendidas, frustrações, pressões de mercado, etc.

O pior conflito é sempre o conflito não resolvido. Há grande possibilidade deste emergir no futuro já na forma de crise. É por isso que você que está ligado nas questões humanas deve atuar como um mediador, tentando compreender a causa-raiz, trazendo tanto quanto possível o conflito para a instância racional, para discussão das ideias e busca de uma solução cooperativa que atenda aos reais interesses das partes envolvidas.

Se você concluir que o conflito está caminhando para um embate de natureza psicológica com a radicalização de posições, não obstante todos os dados e fatos que poderiam levar a uma conclusão lógica, você terá encontrado o seu limite de intervenção. É nesse momento que você deve pedir ajuda ao RH, patrocinador, comitês ou outros *stakeholders* que possam influenciar as partes para que o iminente confronto não venha se recrudescer.

Organizações que apresentam baixo nível de conflito costumam ser altamente hierarquizadas, sem espaço para questionamentos e como consequência a ruptura de paradigmas torna-se mais difícil. Em uma empresa saudável, onde o questionamento dos modelos estabelecidos ou hipóteses levantadas durante um projeto é valorizado, a questão não é se teremos conflitos, mas como iremos geri-los de forma cooperativa na busca de uma solução que melhor atenda às necessidades e reais interesses das partes. No HCMBOK® exploramos com profundidade os estilos de gestão de conflitos e estratégias aplicáveis de acordo com as circunstâncias e por isso não nos aprofundaremos nessas técnicas aqui.

Curioso notar que o Manifesto Ágil, de certa forma, estimula os conflitos quando afirma em um de seus princípios: "aceitar mudanças de requisitos, mesmo no fim do desenvolvimento. Processos ágeis se adequam a mudanças, para que o cliente possa tirar vantagens competitivas". Em resumo, podemos dizer que as mudanças de escopo e requisitos "mesmo no fim do desenvolvimento", que são fontes recorrentes de conflitos em projetos conduzidos com abordagens lineares, nas abordagens ágeis não só são aceitas como são consideradas parte de um natural processo de elaboração e ajuste das hipóteses inicialmente concebidas.

Há muitos tipos de conflitos que podem ser evitados através de atividades simples, mas que nem sempre são observadas com o devido cuidado. Dentre estas estão:

- ✓ Definir claramente papéis e responsabilidades.
- ✓ Praticar o *feedback* questionando os fatos e não as pessoas. Encontrar culpados nunca ajuda. Ao contrário, deixa ressentimentos que mais tarde estimularão confrontos.
- ✓ Mapear os potenciais conflitos de origem cultural com fornecedores ou quando a equipe for muito diversa em termos de experiência e estilos de liderança.
- ✓ Manter a comunicação transparente, direta, assertiva. Aqui podemos recordar outro princípio do Manifesto Ágil: "o método mais eficiente e eficaz de transmitir informações para e por dentro de um time de desenvolvimento é através de uma conversa cara a cara".
- ✓ Definir claramente o propósito e o objetivo do projeto, atentando para outro ponto do Manifesto Ágil que ajuda a manter o foco da equipe no que é relevante: "nossa maior prioridade é satisfazer o cliente através da entrega adiantada e contínua de software de valor". Não necessariamente no seu projeto haverá desenvolvimento de software, mas se você apenas subtrair essa palavra e mantiver a equipe conectada em entregar "valor" ao cliente, esse princípio segue sendo um pilar interessante para estabelecer uma diretriz que reduza a possibilidade de conflitos.

Ainda que nas abordagens ágeis possamos contar com equipes auto-organizáveis, isso não quer dizer que uma pessoa com foco nas questões humanas não deva ter um papel ativo na gestão dos conflitos. Manter a equipe unida, continuamente buscando as melhores soluções e focada nos objetivos estratégicos que motivaram o investimento, é a prioridade do projeto.

Curioso ainda notar a importância dos conflitos para a evolução das organizações. A divergência de perspectivas é um ótimo caminho para se chegar a uma terceira via, por vezes melhor que as anteriores, que só é percebida a partir do estabelecimento de um conflito, desde que seja de natureza lógica.

Organizações com baixa incidência de conflitos têm maior dificuldade de questionar e romper seus paradigmas. Em geral os questionamentos não são bem vistos e as estruturas de comando e controle limitam, quando não impedem, que as pessoas expressem genuinamente suas percepções e sugestões.

23.4.2. Gerir a motivação

Um dos valores do manifesto ágil é "construir projetos ao redor de **indivíduos motivados**, dando a eles o **ambiente e suporte necessário, e confiar** que farão seu trabalho".

Delegar, apoiar e confiar na capacidade das pessoas em entregar o seu melhor em prol de uma causa são fatores que têm tremenda influência sobre a motivação. Tanto na Teoria da Hierarquia das Necessidades Humanas de Maslow descrita em sua obra "Motivation and Personality" (1954) como na teoria de ERG (*Existence, Relatedness and Grow*) de Clayton Paul Alderfer, publicada no artigo "An Empirical Test of a New Theory of Human Need" (1969), podemos observar que o desejo de ser criativo, produtivo e completar tarefas importantes com independência e liberdade são fatores que impulsionam a motivação intrínseca, logo, estão muito alinhados com o princípio do Manifesto Ágil anteriormente mencionado.

Tomamos como referência também o sistema de necessidades descrito por Murray (1938) e a teoria de campo de Kurt Lewin (1939), que consideram o ambiente como parte da equação que influencia a motivação dos indivíduos. Outra vez vemos este princípio do Manifesto Ágil alinhado com alguns dos conceitos mais representativos sobre motivação nas teorias formuladas por renomados psicólogos.

Motivação, ou o impulso interno que leva alguém à ação, é fundamental para o sucesso de qualquer pessoa, de qualquer equipe em qualquer empreitada. Pense no inverso. É possível ter uma equipe vencedora sem motivação? Por melhor perfil técnico que essa equipe tenha, sem esse impulso interno para enfrentar os desafios e as incertezas de um projeto dificilmente o resultado será satisfatório.

Motivação é um tema que merece especial atenção em organizações que estão começando a adotar abordagens ágeis de gestão de projetos.

Devemos levar em conta que abordagens ágeis não se aplicam ao contexto onde o caminho é conhecido e previsível. Ao contrário, o desconhecido e imprevisível é o que torna uma situação tão complexa a ponto de demandar uma abordagem ágil e adaptativa. Nesse cenário ciclos de iteração são frequentes, implicando em *feedbacks* dos *stakeholders* que eventualmente poderão descartar parte do que foi desenvolvido ou mesmo um ciclo inteiro de desenvolvimento.

Equipes e indivíduos motivados são naturalmente mais resilientes para conviver com as frustrações naturais de um ambiente onde a experimentação e *feedbacks* não necessariamente positivos são regra e não exceção. Mas gente é gente e avaliar o quanto eventuais frustrações estão afetando a equipe é sempre importante. Frustrações não tratadas podem não só afetar a motivação, mas também gerar estresse na equipe do projeto.

Além disso, equipes pouco maduras no uso de abordagens ágeis podem apresentar algum saudosismo em relação à sua maneira habitual de entregar projetos. Caso você perceba alguma dificuldade da equipe em lidar com frustrações, discuta suas percepções em relação à motivação da equipe abertamente com os líderes da empreitada. Reforce junto à equipe os aspectos positivos da experiência e a oportunidade de aprendizagem de uma nova abordagem de gestão direcionada para projetos complexos, com alta imprevisibilidade em relação aos produtos e serviços a serem desenvolvidos. Quando necessário, use de interações individuais para compreender o que está frustrando ou desmotivando a equipe. Só assim você poderá compreender a causa-raiz dos problemas e aplicar as medidas de mitigação necessárias.

Existem diversas teorias no âmbito da psicologia que tratam o tema motivação. Um ponto comum entre todas é o entendimento de que motivação é uma força interna e individual. O que motiva uma pessoa pode não motivar outra. Uma pessoa com fobia de altura dificilmente se sentirá motivada a aprender técnicas de paraquedismo.

Gerir a motivação no contexto de abordagens ágeis passa por três atividades essenciais:

- ✓ Compor uma equipe que mostre entusiasmo com o desafio do projeto, que tope conviver com um ambiente dinâmico e de incertezas. Essa pessoa terá a chama da motivação acesa para tal empreitada. Este é o aspecto intrínseco da motivação.
- ✓ Desenvolver atividades que impulsionem a dimensão extrínseca da motivação de forma que esta influencie a motivação intrínseca. Imagine que você tem um balde de gasolina (que representa a motivação extrínseca). Se jogá-lo em uma pequena chama, o fogo (que representa a motivação intrínseca) ganhará intensidade. Entretanto, não importa a quantidade de combustível usada, se a chama não estiver acesa não haverá fogo. Em resumo, para impulsionar a motivação intrínseca a partir da extrínseca de maneira eficaz, é preciso que a primeira exista, posto que a primeira é íntima, individual, pode ser impulsionada, mas não pode ser criada por fatores externos.
- ✓ Se a equipe for selecionada considerando, além de outros aspectos, também sua motivação intrínseca para mergulhar no projeto, o primeiro passo para ter uma equipe motivada terá sido correto. Cabe agora a você, que está ligado no fator humano, isto é, nas atividades de Gestão de Mudanças organizacionais, observar de forma recorrente os fatores externos que influenciarão positiva ou negativamente a motivação dos membros da equipe e promover ações para que a chama da motivação intrínseca esteja sempre em alta combustão.

Considerando que os aspectos extrínsecos estão em sua área de atuação, para manter um ambiente fértil em termos de motivação, siga algumas boas práticas:

- ✓ Assegure-se de que haverá um ambiente de confiança com o suporte necessário para que a equipe se sinta confortável com os desafios do projeto.
- ✓ Atue como mediador nos rituais de *feedback* e melhoria contínua para que estes tenham o viés positivo, isto é, com críticas e sugestões direcionadas ao trabalho desenvolvido e não às pessoas.
- ✓ Promova *feedbacks* relacionados a comportamentos e atitudes de forma individual com foco em maximizar o potencial de cada um. Reforços positivos são sempre importantes, e potenciais melhorias no desempenho devem ser abordadas como oportunidades de aprendizado para a carreira e não somente para o projeto. Expor uma pessoa com críticas pessoais em público não ajuda a manter um bom clima no projeto, afeta a motivação e raramente leva à melhoria do desempenho individual.
- ✓ Celebre as pequenas vitórias, as metas e os marcos alcançados pelo projeto.
- ✓ Estimule o patrocinador a visitar o projeto e a reconhecer o empenho da equipe. Por vezes, um simples aperto de mão e algumas frases sinceras de agradecimento tocam profundamente na autoestima das pessoas e em sua motivação.

23.4.3. Gerir o estresse

Quando pensamos em estresse costumamos relacioná-lo a desgaste, cansaço, ansiedade e outras sensações e emoções negativas. De fato, o excesso de estresse por um tempo prolongado, conhecido como distresse, pode ter várias consequências psíquicas e fisiológicas para as pessoas e mesmo animais. Em sua manifestação extrema o distresse pode levar à síndrome de *burnout* ou síndrome do esgotamento profissional – físico e mental. Nesses casos as repercussões são muito negativas não só para a pessoa diretamente envolvida, mas para toda a equipe do projeto. Irritabilidade, agressividade, apatia, isolamento, crises de ansiedade e depressão e até mesmo ataques de fúria, dentre outros sintomas, trarão efeitos nocivos para o espírito de equipe, motivação, conflitos com viés de confrontos e potencialmente podem afetar a produtividade e levar ao afastamento do profissional por questão de saúde. Empresas, departamentos e projetos com taxas de absenteísmo fora do normal devem avaliar se a causa-raiz dessa questão não está ligada ao estresse excessivo.

Entretanto, nem todo estresse é negativo. Na verdade, o estresse, em sua manifestação positiva, chamada de eustresse, é uma condição necessária para gerar um estado de alerta que mantém os sentidos vibrantes e ampliam a capacidade das pessoas superarem desafios. Claro que essa não pode ser uma situação contínua e frequente, pois a fronteira entre o eustresse e o distresse pode ser tênue, e passar de uma condição para outra é sempre um risco que precisa ser gerido no projeto.

Seres humanos apresentam diferentes níveis de tolerância ao estresse. Além disso, o efeito do estresse causado por um grande desafio para uma pessoa pode ser bastante diferente para outra. Projetos podem ser atividades com altas taxas de estresse negativo para pessoas que preferem trabalhar em atividades rotineiras e repetitivas.

Se em projetos com abordagens lineares o estresse tem uma curva de crescimento que se amplia pouco a pouco, a partir do planejamento, passando pela execução, até chegar a seu pico na implantação, nas abordagens ágeis, que possuem diversos ciclos de desenvolvimento e implantação, o estresse tende, pelo menos teoricamente, a ter mais de um pico ao longo do projeto. Além disso, abordagens ágeis são tipicamente aplicadas para projetos em que os produtos e serviços têm pouca previsibilidade. A elaboração de hipóteses, experimentação e *feedbacks* pode levar à rejeição de parte de um ciclo de desenvolvimento ou mesmo do ciclo inteiro, potencialmente gerando frustrações nas equipes menos experientes no uso de abordagens ágeis. Esse é outro fator de estresse que precisa ser gerido para que as equipes de projetos não sejam afetadas em seu desempenho. Nesses casos, possivelmente a etapa de planejamento do próximo ciclo de desenvolvimento apresentará maior nível de estresse na equipe do projeto.

Do ponto de vista de Gestão de Mudanças, precisamos considerar ainda que implantações que apresentam muitos problemas para a sustentação das mudanças também estressam a equipe, pois demandas emergenciais de melhorias nos produtos e serviços entregues podem concorrer com o planejamento dos ciclos de desenvolvimento. Lembre-se de que em abordagens ágeis podemos ter um ciclo em etapa de sustentação enquanto outro ainda está em desenvolvimento. O *feedback* do que está em produção, mesmo que seja em um ambiente controlado, pode trazer reflexos no planejamento do que está em desenvolvimento, ampliando a pressão na equipe do projeto.

Não raro encontramos equipes que para cumprir prazos acordados precisam trabalhar em regime de horas extras. Esse esforço adicional, que muitas vezes é necessário, precisa ser tratado com o devido cuidado, pois, se demasiado, levará a equipe a um nível de estresse maior do que o recomendado.

Cabe ao gestor de mudanças monitorar o nível de estresse da equipe do projeto através de indicadores qualitativos, tais como: humor da equipe, incidência de conflitos incomuns, queda na motivação, redução do potencial criativo, rupturas no espírito de equipe e mudanças comportamentais que levem a hostilidades e agressividade fora do padrão aceito pela cultura da organização.

Indicadores quantitativos estão relacionados principalmente ao absenteísmo em função de problemas de saúde que podem estar relacionados com um estado de distresse ou síndrome de *burnout*.

Uma boa prática muito simples para gestão do estresse, que muito frequentemente não é observada com o devido cuidado, é o planejamento de férias. Todo ser humano necessita se desligar dos fatores de estresse profissional de tempos em tempos. Quando esse período de férias não é planejado, corre-se o risco de termos várias pessoas concorrendo pelos meses em que as férias são mais requisitadas, como o verão, e para os que têm filhos, nos períodos de férias escolares.

Muitas e muitas vezes estivemos em projetos nos quais ao fazer um diagnóstico de estresse descobrimos que a equipe do projeto havia planejado suas férias. Entretanto, essas não foram consolidadas em um plano integrado e vários membros planejavam entrar em férias no mesmo período, inviabilizando metas do projeto e por consequência as férias tão desejadas pelas pessoas.

Atividades de estímulo à motivação são excelentes oportunidades de redução do estresse da equipe. Novamente podemos perceber o reflexo que a gestão de uma macroatividade recorrente pode ter sobre outra. Cabe lembrar que equipes altamente motivadas são naturalmente mais resilientes para lidar com o estresse natural dos projetos.

Nas figuras a seguir podemos comparar a curva de estresse típica de projetos com abordagens lineares e ágeis. Note que neste exemplo hipotético a curva de estresse do projeto com abordagem ágil cresce ao longo de sua evolução, considerando que a sustentação das mudanças está gerando demandas de ajustes simultâneos aos novos ciclos de desenvolvimento.

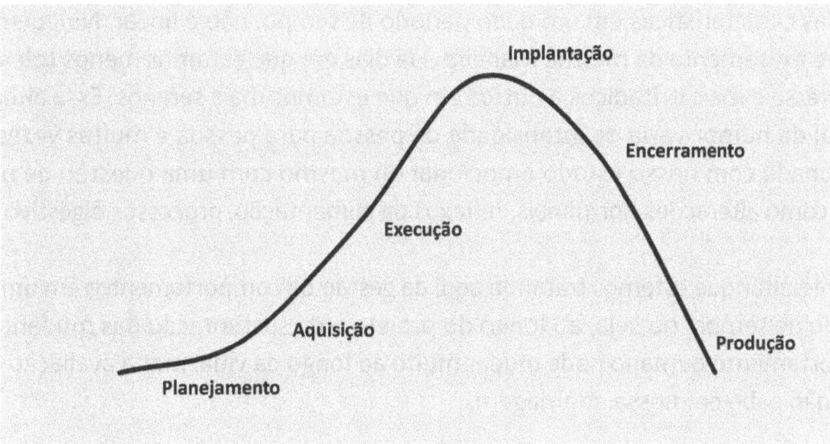

Figura 23.1. Curva típica de estresse em projetos com abordagens lineares

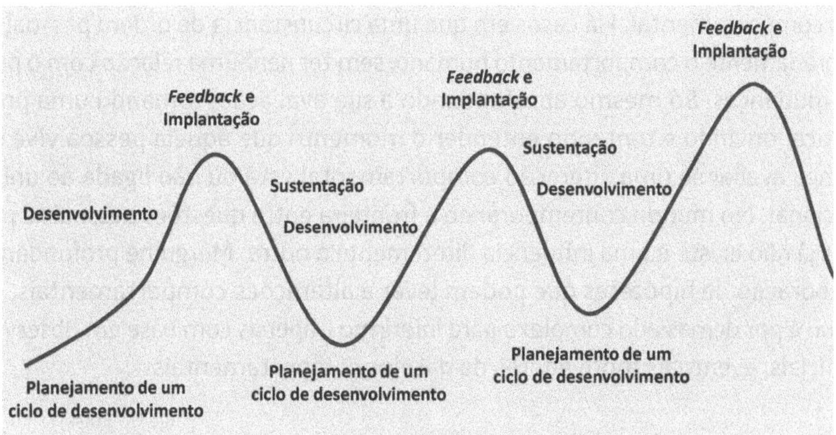

Figura 23.2. Curva típica de estresse em projetos com abordagens ágeis, quando a sustentação vai acumulando demandas de melhorias depois da implantação

23.4.4. Gerir comportamentos

O comportamento dos *stakeholders* fala muito acerca de seu estado íntimo, emocional, seu estado de engajamento ou antagonismo em relação ao projeto e às mudanças que serão introduzidas na organização. Quando tratamos de questões humanas, precisamos de muita cautela para não chegarmos a conclusões precipitadas. Um aparente comportamento hostil pode ser a manifestação de uma insegurança psíquica que precisa ser endereçada para que essa pessoa se sinta confortável e venha a se engajar no projeto e nas mudanças.

Nada do que é humano pode ser tratado de forma determinística e definitiva. O comportamento humano, ainda que tenha a tendência de se apresentar com as mesmas características em um dado período de tempo, não é linear. Ninguém está sempre exatamente da mesma maneira. Há dias em que estamos menos tolerantes ao estresse e mais irritadiços e outros em que estamos mais serenos. Essa alteração natural de humor varia de intensidade de pessoa para pessoa e muitas vezes está relacionada com nosso estado emocional ou mesmo com uma questão de ordem física, como alterações hormonais, reflexos da alimentação, processos digestivos, etc.

Cabe ressaltar que estamos tratando aqui da gestão de comportamentos em um dado período de tempo, ou seja, ao longo do projeto e da sustentação das mudanças. O comportamento humano pode mudar muito ao longo da vida, mas a avaliação desse tema não cabe em nossa abordagem.

O gestor de mudanças precisa ser perspicaz para perceber algum comportamento individual fora do que seria normal para essa pessoa e buscar a causa-raiz dessa variação comportamental. Há casos em que uma circunstância de ordem pessoal afeta temporariamente o comportamento humano, sem ter nenhuma relação com o projeto ou as mudanças. Só mesmo aprofundando a sua avaliação, tomando uma posição empática, ouvindo e tentando entender o momento que aquela pessoa vive é que podemos avaliar se uma alteração comportamental está ou não ligada ao universo profissional. No mundo contemporâneo a fronteira entre questões pessoais e profissionais já não existe e uma influencia diretamente a outra. Mergulhe profundamente na elaboração de hipóteses que podem levar a alterações comportamentais. O ser humano é por demasiado complexo para inferirmos, apenas com base em observações superficiais, eventuais motivadores de desvios comportamentais.

Certa vez, em um projeto de implantação de sistema, começamos a receber reclamações acerca do comportamento agressivo de um dos desenvolvedores de software.

Ocorre que este não era o comportamento típico daquele profissional. Ao buscarmos a possível causa-raiz daquela situação, descobrimos que aquele profissional estava passando por um divórcio litigioso, inclusive com a disputa pela guarda dos filhos. Isso já seria o suficiente para afetar o comportamento natural da maioria das pessoas.

Para piorar a situação, ficamos sabendo que sua ex-esposa também trabalhava na empresa, ainda que não participasse do projeto. Um detalhe importante é que a equipe de usuários que vinha entrando em confronto com esse profissional trabalhava no mesmo departamento de sua ex-esposa. Concluímos que muito provavelmente esse profissional, que sempre teve um comportamento cordial, estava redirecionando toda sua revolta e agressividade, oriunda de uma situação pessoal, para aqueles que, em sua percepção, eram os apoiadores da pessoa que estava causando tantos problemas em sua vida.

Não nos cabe avaliar quem está certo ou errado, mas apenas perceber que essa é uma circunstância totalmente atípica e que não poderia ser tratada na instância do projeto. Envolvemos o RH na discussão deste caso, conversamos com o profissional envolvido e seu líder direto e juntos concluímos que, para o bem de todos e do projeto, o melhor seria realocá-lo em outra atividade, em que houvesse maiores chances de sua atividade profissional ser realizada com menos estresse. Claro que esse tipo de abordagem demanda muita cautela para não invadirmos a vida pessoal de profissionais com alterações comportamentais. O foco da solução precisa estar nas condições e oportunidades para que o profissional possa apresentar o melhor desempenho possível.

Compreender a causa-raiz dessa situação foi essencial para evitarmos as consequências de um comportamento alterado, que no futuro poderia ter repercussões negativas para todos – o projeto, os profissionais envolvidos e a própria organização.

Quando falamos em comportamento humano, precisamos também levar em conta a cultura regional e organizacional. Um comportamento considerado hostil e agressivo em uma cultura pode ser aceito normalmente em outra. Em nossa experiência, trabalhamos em projetos que reuniam equipes com culturas muito diferentes.

Certa vez, nossa equipe estava trabalhando no mesmo espaço físico da equipe de um fornecedor de um país onde o tratamento dispensado pelos líderes a seus liderados fugia muito do padrão aceitável para nossa cultura. O incômodo fora tanto que alguns membros de nossa equipe nos procuraram para falar de sua indignação com a maneira desumana que seus parceiros, funcionários da equipe do fornecedor, eram tratados.

Ao investigar o caso, primeiro passamos alguns dias observando de perto como se dava a interação entre os líderes e membros da equipe do fornecedor. De fato, considerando nossa cultura, havia uma certa rispidez na maneira como os gerentes falavam com os profissionais de suas equipes. No entanto, também percebemos que essas interações, inaceitáveis para nossa cultura, não causavam nenhuma resposta emocional na equipe do fornecedor. Não havia qualquer reflexo na motivação, sinal de frustração, revolta ou reação hostil. Ao contrário, para eles parecia tudo normal.

Na sequência, abordamos com conversas informais os liderados e percebemos que eles se sentiam muito satisfeitos com seu trabalho. Demonstravam orgulho de fazer parte da equipe e não pareciam desconfortáveis com o tratamento que recebiam ou o clima do projeto.

Resolvemos então ter uma conversa franca com os líderes deste fornecedor, que ficaram surpresos com nossa percepção de que eles cultivavam um modelo de interação que nos parecia agressivo e pouco respeitoso. Tivemos o cuidado de explicar como se davam as interações em nossa cultura, o que era aceitável e o que não era segundo nossas referências. Recordamos de duas viagens que fizemos ao país de onde vinha a equipe desse fornecedor, das interações humanas que havíamos observado quando lá estivemos e compreendemos que realmente não estávamos diante de uma questão comportamental, mas de uma distorção perceptiva causada por duas culturas muito diferentes. Tanto nossa equipe como as lideranças do fornecedor compreenderam o que estava passando e o desconforto com essa situação foi superado.

A abordagem direta é uma boa prática essencial para que se possa compreender a causa-raiz de uma questão comportamental, que funciona especialmente nos casos em que você já teve tempo para desenvolver uma relação de transparência e confiança com as partes envolvidas.

Não podemos deixar de considerar que comportamentos inadequados muitas vezes estão associados a questões do projeto e ao desconforto com as mudanças que estão por vir. Esses comportamentos podem ser sintomas de problemas relacionados a diversos fatores, dentre os quais os mais comuns são:

- ✓ Questões ligadas a ego, mudanças de status, poder e agendas pessoais.
- ✓ Espírito de equipe (ou falta deste).
- ✓ Atuação impositiva ou coercitiva das lideranças.
- ✓ Estresse excessivo.
- ✓ Conflitos não declarados.

- ✓ Choques de estilos pessoais.
- ✓ Choques de origem cultural.
- ✓ Comunicação ineficaz.
- ✓ Propósitos não compreendidos.
- ✓ Baixo engajamento.
- ✓ Falhas na gestão da motivação.
- ✓ Atuação de resistentes e boicotadores com forte influência nas equipes e nos indivíduos.
- ✓ Pouca confiança da equipe em seus líderes ou na organização.
- ✓ Cicatrizes organizacionais originadas por traumas de projetos anteriores.
- ✓ Medo e insegurança.

Pessoas extremamente gentis e colaborativas podem apresentar comportamentos inadequados quando se sentem ameaçadas por uma situação onde o instinto de sobrevivência exerce forte influência sobre sua maneira natural de agir. O comportamento humano é algo tão complexo que, muitas vezes, mesmo pessoas que cultivam um excelente autoconhecimento surpreendem-se com suas próprias reações impulsivas diante de uma situação inusitada. Não é só a lógica que define nossas atitudes e impulsos. Ao contrário, temos um lado psicológico muitas vezes pouco conhecido por nós mesmos.

Gerir o comportamento dos *stakeholders* passa pela difícil tarefa de identificar o lado oculto que motiva um comportamento não esperado e atuar na causa-raiz para reverter os motivadores dessa alteração comportamental. O que buscamos sempre é termos uma equipe com comportamento cooperativo, sustentado por parcerias afetivas, que levem a uma superação de pontos de vista pessoais em prol de um bem maior, que é o sucesso do projeto e a consolidação das mudanças.

Seu papel como gestor de mudanças não é mudar o comportamento da outra pessoa, mas ajudá-la a perceber, quando for o caso, que suas atitudes estão inadequadas. É a partir da consciência de que mudanças comportamentais são necessárias que você poderá apoiar essa pessoa nos ajustes necessários, sem os quais ela estará em rota de colisão com a organização, potencialmente prejudicando sua própria carreira.

Busque ajuda com a equipe do RH e lideranças do projeto e aja rapidamente. Projetos com abordagens ágeis dependem muito da coesão das equipes, da colaboração, da motivação individual, e tudo isso será influenciado diretamente pelo comportamento de cada membro da equipe do projeto e dos *stakeholders* afetados pelas mudanças.

23.5. Estimular a criatividade e inovação

O estímulo à criatividade e à inovação é uma macroatividade que traz benefícios diretos ao projeto e ao processo de mudanças. Três características dessa macroatividade são catalisadoras do engajamento:

- ✓ Ao estimularmos a criação de algo novo, facilitamos a desconexão com o passado e com os paradigmas que precisarão ser repensados e potencialmente rompidos com menos dor.
- ✓ Processos de criação coletiva envolvendo diversos *stakeholders* desenvolvem produtos e serviços melhores e mais inovadores.
- ✓ A participação em um processo criativo é uma abordagem inclusiva que amplia a conexão dos criadores com o que foi desenvolvido, favorecendo o engajamento destes e estimulando-os a atuar como vendedores das mudanças introduzidas por sua criação junto aos demais *stakeholders*.

Em resumo, teremos produtos e serviços melhores e potencialmente um grupo de defensores das mudanças multiplicando de forma positiva sua percepção.

Quando o projeto é desenvolvido para substituir um processo, produto ou serviço que já existe na organização há muito tempo, envolver na equipe de criação aqueles que apresentam grande conexão com o passado pode ser uma boa alternativa para reduzir antagonismos. Nesses casos, é preciso misturar na equipe pessoas que não estão conectadas com o passado para que a ruptura com o ***status quo*** seja facilitada e o resultado seja realmente algo inovador. Essa combinação valoriza os que criaram algo que no passado foi importante para a organização chegar até esse momento e ao mesmo tempo estimula a ruptura para que a criatividade possa ser usada como meio de se chegar a uma solução mais adequada para o momento atual.

Nos projetos que estão desenvolvendo algo totalmente novo para a organização, a preocupação com a ruptura com o passado deixa de ser relevante, mas ainda assim contar com uma equipe multidisciplinar, com profissionais de diferentes gerações, permite uma visão mais ampla que leva em conta diferentes perspectivas e traz melhores resultados.

Qualquer que seja o caso, a facilitação de um profissional experiente nas técnicas de gestão de processos criativos é necessária, para que resultados extraordinários sejam alcançados.

Em projetos conduzidos com abordagens ágeis o contexto de imprevisibilidade demanda muita criatividade para encontrar hipóteses que viabilizem o desenvolvimento do produto ou serviço da forma mais eficaz possível. É preciso lembrar que abordagens ágeis se encaixam muito bem quando não temos todas as respostas nem um escopo previamente detalhado. Ao contrário, as soluções vão sendo descobertas ao longo do caminho e o uso do potencial criativo da equipe será uma alavanca para que essas soluções sejam eficazes, mas ao mesmo tempo simples. Mais uma vez devemos lembrar um dos princípios do Manifesto Ágil: "simplicidade: a arte de maximizar a quantidade de trabalho que não precisou ser feito". Fazer da simplicidade algo eficaz demanda engenhosidade para pensar diferente e não seguir os antigos padrões preestabelecidos.

Como observado no HCMBOK®, existe uma atmosfera necessária para favorecer o processo criativo. Como demonstrado na figura a seguir, são vários os elementos que fazem parte desse modelo idealizado de aplicação da criatividade para se chegar às inovações.

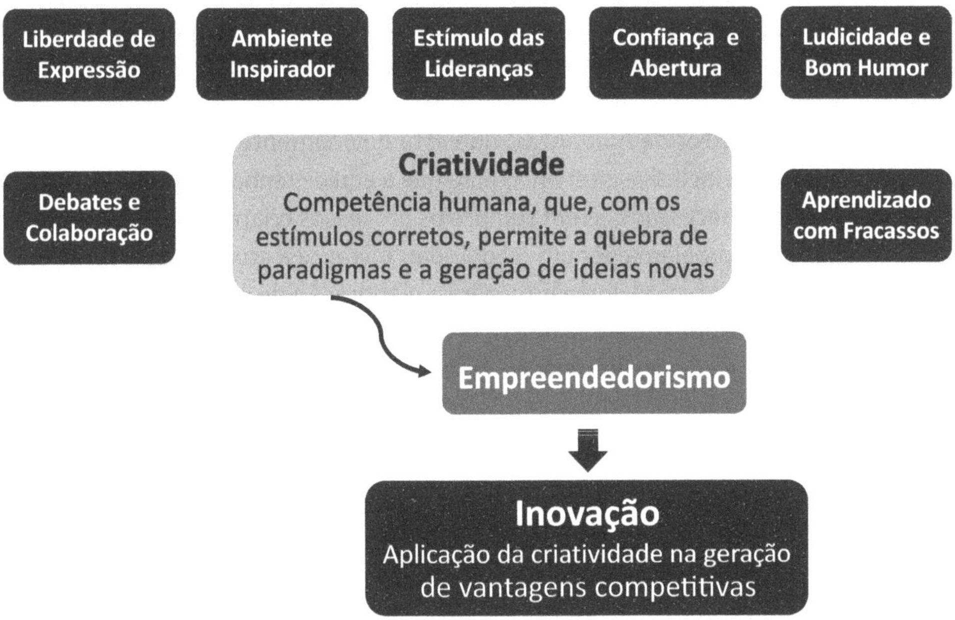

Figura 23.3. Atmosfera do ambiente criativo para se chegar a inovações

Todos os elementos mencionados nessa imagem são relevantes, mas, para sermos objetivos, destacaremos três que exercem grande influência no potencial criativo e inovador de uma equipe, particularmente nas abordagens ágeis:

- ✓ **Liberdade de expressão:** a equipe de desenvolvimento do projeto, atuando em conjunto com usuários e patrocinador, precisa perceber que pode expressar suas opiniões livremente, sem receio de ser vitimada por preconceitos ou ser ridicularizada por ideias que a princípio podem parecer totalmente inusitadas ou mesmo inviáveis. O impossível quase sempre é aquilo que ainda não foi criado.
- ✓ **Estímulo das lideranças:** este é um elemento que gera aspectos extrínsecos da motivação para impulsionar a chama intrínseca que move a equipe a correr riscos e elaborar hipóteses antes não consideradas.
- ✓ **Aprendizado com fracassos:** em ambientes criativos experimentos malsucedidos não são vistos como fracasso. Tudo é aprendizado e falhar em um ambiente controlado na verdade é a melhor maneira de evitar que falhas venham a aparecer no produto final desenvolvido pelo projeto. Inovações são o resultado de muitas hipóteses elaboradas e descartadas até que se chegue a uma solução eficaz. Faz parte do pensamento ágil errar rápido e aprender rápido.

O estímulo à criatividade não se reflete apenas nos produtos finais entregues pelo projeto, mas também na maneira como os projetos são desenvolvidos. O papel do gestor de mudanças está relacionado à sensibilização das lideranças para que se tenha a atmosfera favorável à maximização do potencial criativo da equipe.

Cabe também ao gestor de mudanças, que está devidamente capacitado, facilitar processos de criação, inclusive intervindo para que a equipe tenha tempo de incubação e devaneio quando necessário. Nem sempre os processos criativos são fluidos e por vezes desligar-se do problema por um ou dois dias favorece a atuação do inconsciente nos momentos que estamos dormindo, para a elaboração de inesperadas conexões que frequentemente constituem a essência da criação. É justamente após uma etapa de incubação que se dá a iluminação, o "eureca" de Arquimedes. O inconsciente se aproveita de um rápido desligamento do intelecto, que ocorre quando estamos realizando atividades recorrentes e automáticas, como caminhar, correr, tomar banho, dirigir, pedalar, fazer a barba, etc., e deixa emergir a ideia, fruto desse processo criativo que se inicia com a reflexão e discussão, passa pela incubação e floresce na iluminação.

23.6. Gestão do engajamento dos *stakeholders*

A gestão do engajamento dos *stakeholders* é uma atividade que está intrinsecamente ligada a diversas macroatividades de Gestão de Mudanças. Podemos dizer que essa macroatividade é a amálgama que interconecta várias atividades que ocorrem ao longo de todo o ciclo do projeto, desde a primeira camada de planejamento até a sustentação das mudanças.

Nossa principal recomendação para uma boa gestão do engajamento dos *stakeholders* pode ser resumida pela sigla LDC – "Levante Da Cadeira" e interaja com as pessoas. Quem faz Gestão de Mudanças atrás de um computador está fazendo a gestão burocrática da mudança. Enquanto o gestor de mudanças burocrata produz relatórios, o gestor de mudanças humano respira e transpira o projeto.

A boa prática exige interação constante com os *stakeholders*, a busca contínua de *feedbacks* para compreender o que não é dito diretamente, mas é a causa-raiz do desconforto com as mudanças. Criar conexão com os *stakeholders*, ouvi-los, desenvolver um relacionamento transparente e de confiança é um desafio a ser conquistado, sem o qual a compreensão da situação de engajamento e antagonismo fica entorpecida por percepções superficiais.

Cada pessoa processa a mudança de uma maneira diferente. Aquilo que gera desconforto e insegurança em uma pessoa não necessariamente afetará outra. Tomar uma postura empática e interagir sem prejulgamentos é essencial para que se possa realmente compreender como o outro está se sentindo em relação a uma determinada situação. Não sem motivo, encontraremos no HCMBOK® a atitude empática como uma das competências essenciais dos líderes de mudanças.

É preciso tratar cada ser humano como único, com suas peculiaridades e questões individuais ligadas a ego, status, poder e sua agenda pessoal. A agenda pessoal é um tema pouco endereçado na literatura de Gestão de Mudanças, mas que tem tremendo impacto no engajamento. Por agenda pessoal entendemos a parte quase sempre oculta e não declarada das ambições profissionais e interesses pessoais que cada indivíduo cultiva intimamente. Por vezes, uma pessoa entende a necessidade da mudança, mas o estado futuro para o qual a organização caminha conflita com sua agenda pessoal.

Partir da premissa de que basta criar a consciência e o entendimento da mudança, desenvolver a percepção de urgência, capacitar, celebrar, reconhecer, etc. para gerar engajamento é tratar o ser humano apenas como uma entidade lógica. O ser humano é bem mais complexo do que isso e o engajamento está muito mais ligado à instância emocional do que racional. Somos seres lógicos, mas antes de tudo psicológicos. Temos um lado oculto, inconsciente, que dirige nossas ações e atitudes que mesmo aqueles que desenvolvem um profundo autoconhecimento podem se surpreender com seu próprio comportamento frente ao estresse e a desestabilização causados por uma mudança no ***status quo***.

O Mapa de *Stakeholders* é a principal ferramenta de gestão dos *stakeholders*, pois é neste que registramos as duas dimensões que nos permitirão definir e priorizar ações de engajamento e gestão de antagonismos. Em uma dimensão classificamos a influência e poder de um *stakeholder* e em outra qualificamos a sua provável adesão à mudança. Entendemos que a palavra provável é importante, pois a complexidade humana não nos permite ter 100% de certeza do nível de engajamento de um *stakeholder*. Além disso, o engajamento pode variar ao longo do projeto. *Stakeholders* antagonistas podem se tornar engajados, mas outros, que em determinada etapa do projeto demonstraram certo nível de engajamento, podem perceber ameaças e pontos negativos das mudanças com a evolução do projeto e alterar seu comportamento para o estado de antagonismo. Se, por um lado, existem termômetros que nos permitem medir com precisão a temperatura de um ser humano, não existem "engajômetros" para afirmarmos com certeza o nível de adesão de um *stakeholder* em relação às mudanças propostas.

Gerir o engajamento dos *stakeholders* passa por um processo subjetivo de avaliação das respostas comportamentais que estes apresentam em relação às mudanças. Para reduzir a subjetividade dessa avaliação, a boa prática recomenda que suas percepções sejam compartilhadas com um pequeno comitê formado pela equipe de Gestão de Mudanças, líderes do projeto e RH. Ter diferentes perspectivas de uma situação amplia a assertividade.

Pesquisas de engajamento podem ser aplicadas em projetos que venham a afetar muitos *stakeholders*. Ainda que essas pesquisas teoricamente apresentem dados quantitativos que permitirão compreender o estado global de engajamento, vale ter muito cuidado na interpretação desses resultados. Raramente uma pessoa desconfortável com uma mudança de fato expressa seus sentimentos em uma pesquisa. Transformar emoções humanas em números pode ser interessante para uma apresentação executiva, mas pouco ajuda a compreender de fato os sentimentos dos *stakeholders*.

A eficácia da gestão de *stakeholders* está justamente em tratar as mudanças no âmbito humano, individual, para que depois cheguemos nas mudanças organizacionais. Pesquisas de engajamento são úteis para uma observação relativa do engajamento global dos *stakeholders* que têm menos poder e influência em relação às mudanças. Para aqueles que são formadores de opinião e podem desencadear um efeito cascata (efeito manada), influenciando outros *stakeholders* tanto para o engajamento quanto para o antagonismo, trate de provocar interações humanizadas. Dar-lhes a atenção necessária já é por si só uma ação de engajamento. Tratá-los como números poderá desumanizá-los, gerar a percepção de que suas opiniões não são relevantes e despertar antagonismos. Mesmo tendo grande número de *stakeholders* em um projeto, os formadores de opinião e decisores não serão tantos que não possam ser abordados diretamente por uma equipe de Gestão de Mudanças adequadamente dimensionada.

Todo *stakeholder* é importante e criar os canais para buscar *feedback* e compreender como eles estão percebendo as mudanças é uma boa prática que sempre deve ser aplicada. Como já mencionamos no item que tratamos de comunicação, você poderá criar grupos de "embaixadores da mudança" para multiplicar o seu acesso a um grande grupo de *stakeholders*. Embaixadores da mudança são pessoas que atuam próximas aos *stakeholders* a que você tem menos acesso e podem servir de elo, não só transmitindo informações acerca da evolução do projeto e das mudanças, como também colhendo *feedbacks* e identificando o estado de engajamento dessas pessoas. Reuniões periódicas com os embaixadores da mudança são uma excelente fonte de informação para avaliação do estado global de engajamento.

Há duas técnicas que recomendamos fortemente que sejam aplicadas de forma recorrente na gestão de *stakeholders*: *briefing* e *debriefing*.

A aplicação de *briefings* consiste em uma reunião do comitê de Gestão de Mudanças que permite a antecipação de questões que podem emergir em momentos de interação com os *stakeholders*. Suponha que em uma reunião para avaliação do andamento do projeto a preparação do ambiente de teste dos usuários esteja atrasada. Durante o *briefing* essa situação deve ser discutida, sendo um ponto de vulnerabilidade do projeto que poderá ser explorado pelos antagonistas.

O *briefing* ajudará a definir uma estratégia para lidar com essa situação, que poderia ser, por exemplo, antecipar-se e apresentar o plano para mitigação da situação antes mesmo que o tema seja levantado por qualquer participante da reunião. Além disso, é no *briefing* que definimos quais *stakeholders* serão observados com maior cuidado. Essa observação de comportamentos dos *stakeholders* quando em interações grupais é uma referência importante para avaliação do nível de adesão provável à mudança.

O *debriefing* é uma rápida reunião envolvendo o comitê de Gestão de Mudanças, com duração máxima de 15 minutos, para discussão do que foi observado ao longo da interação com os *stakeh*olders, elaboração de hipóteses relacionadas ao nível de engajamento ou antagonismo e definição de estratégias de confirmação dessas hipóteses.

Faça a reunião de pé, imediatamente após a interação com os *stakeholders*, para que seja rápida e objetiva. Registre apenas o essencial para acompanhar o andamento das decisões. Longos relatórios e planos de ação muito detalhados tomam um tempo precioso e tornam a gestão de *stakeholders* mais burocrática do que prática.

Quando tratamos de avaliar o nível de adesão provável às mudanças, um fator relevante é sempre começar elaborando hipóteses e buscando a confirmação destas em interações com os *stakeholders*. Essas interações podem ser de diferentes tipos:

- ✓ **Abordagem direta:** é aquela na qual uma pessoa do comitê se encarrega de interagir individualmente com um *stakeholder* para tentar compreender qual é a causa-raiz de seu desconforto. Nesses casos, usar de perguntas diretas, relacionadas com o que a pessoa está sentindo, pode ser fonte importante de informação. Solicitar recomendações é outra maneira de envolver as pessoas nas soluções para tentar tirá-las da zona de conflito. Em geral, as pessoas gostam de ter suas opiniões consideradas e se sentem lisonjeadas quando são consultadas. Nessas interações é importante considerar não só o que está sendo dito, mas também como está sendo dito e a resposta corporal do *stakeholder* às questões formuladas. O que não foi dito também é uma fonte preciosa de informação e pode revelar algo que incomoda um *stakeholder*, mas que ele, por algum motivo, não se sente confortável para revelar ou simplesmente não aborda porque deseja intencionalmente dissimular sua posição em relação à mudança.
- ✓ **Grupos focais:** esta é uma forma de abordagem direta, mas voltada para os casos que envolvem grupos e não indivíduos. Use os grupos focais para buscar *feedback* e recomendações dos *stakeholders*. Aplique aqui as técnicas relacionadas com processos participativos e dinâmicas de grupo. Aproveite essa oportunidade para observação de comportamentos.
- ✓ **Observação de comportamentos:** o gestor de mudanças deve ser um constante observador de comportamentos. As interações em grupo, como reuniões de comitês, conselhos, sessões de *feedback* ou mesmo na rotina diária de trabalho podem dizer muito sobre a postura de um *stakeholder*. Observe o comportamento quanto a seu aspecto cooperativo ou competitivo, a natureza dos conflitos – lógica ou psicológica – e o nível de motivação e estresse. Atente também para a forma como as questões são elaboradas. Antagonistas costumam formular questões que tocam em pontos de vulnerabilidade do projeto sempre com um viés negativo, sem apresentarem proposições positivas para resolvê-los. Por vezes suas observações ressaltam ou maximizam os problemas e riscos, em geral com uma abordagem provocativa e não propositiva. Em

alguns casos, quando estão em uma interação grupal, antagonistas elaboram perguntas retóricas, tocando nos pontos de vulnerabilidade do projeto, a fim de causar insegurança psíquica e influenciar a resistência nos *stakeholders* que ainda não estão engajados.

Nosso principal objetivo com essa atividade é o engajamento, mas a verdade é que 100% de engajamento é muito difícil. Dominar as técnicas de gestão de antagonismos é essencial para o sucesso de uma empreitada. Na gestão de antagonismos o foco não é engajar, mas evitar que o projeto seja afetado pela ação daqueles que estão desconfortáveis com as mudanças.

Podemos dividir as técnicas de gestão de antagonismos em três grupos:

✓ **Indução ao protagonismo:** esta é uma poderosa técnica que visa tirar o *stakeholder* da zona de conflito e incluí-lo na zona da solução. O gestor de mudanças deve ser um articulador, atuar mais como o maestro que prepara a orquestra, mas que na hora da sinfonia permite que seus músicos brilhem. Para exemplificar, imagine que seu projeto demande treinamento de equipes de diversos departamentos. Um dos líderes desses departamentos que se comporta como um antagonista alega que sua equipe está assoberbada e não a envia para os treinamentos necessários. O cenário mais comum que observamos é o líder do projeto ou o gestor de mudanças apresentar o quadro de evolução do projeto para o patrocinador ou comitê diretivo. A boa prática de indução ao protagonismo subverte esse cenário. Cabe ao gestor de mudanças organizar a reunião, preparar o quadro de indicadores com o percentual de profissionais treinados por departamento, mas quem deve apresentar a evolução desses indicadores é o líder de cada área. Atuando como protagonista dificilmente um antagonista que esteja boicotando o projeto quererá aparecer dessa forma diante de um comitê onde seu chefe participa. Nosso objetivo nessa situação não é criar um problema para o protagonista, mas evitar que suas táticas de boicote ao projeto prejudiquem as metas almejadas. O *stakeholder* colocado na posição de protagonista precisa ser avisado com bastante antecedência que seu papel no projeto inclui apresentar de forma recorrente o status do andamento das tarefas relacionadas com sua equipe a fim de que tenha tempo de tomar eventuais medidas corretivas que sejam necessárias. O patrocinador e o comitê diretor também devem estar alinhados com esse modelo de apresentação do andamento do projeto. Neste caso específico, é mais provável que o antagonista coloque sua equipe no treinamento do que escolha ter que explicar diante de um comitê por que a parcela de pessoas treinadas em seu departamento difere tanto dos demais. A indução ao protagonismo pode ser aplicada a diversas atividades de um projeto. O mais importante é que os líderes do projeto percebam que, nas atividades em que dependem de outros *stakeholders*, estes devem ser os protagonistas. Ninguém quer sair feio na foto, e essa técnica, ainda que não gere engajamento, evita muitas das ações de boicote ao projeto e às mudanças.

✓ **Táticas persuasivas:** algumas pessoas demandam algum tipo de persuasão para que percebam a necessidade das mudanças e acelerem seu engajamento. A persuasão pode ser de baixa pressão quando é exercida por outro *stakeholder* que já se encontra engajado e entusiasmado com as mudanças. Embaixadores das mudanças são ótimos para esse tipo de abordagem. A persuasão de média intensidade pode envolver o apoio do RH ou de um mentor. O objetivo é mostrar a importância da mudança para a organização e compartilhar a necessidade de engajamento do corpo de colaboradores a fim de que não fiquem obsoletos frente ao novo estado que a organização alcançará no futuro. A persuasão de alta pressão inclui a participação do patrocinador e eventualmente do comitê diretor. Esse nível de persuasão é um claro sinal de alerta para os *stakeholders* que demonstram comportamento antagonista. A mensagem é direta e pragmática. A organização está em processo de mudança. Engajar-se é uma oportunidade de seguir alinhado com as novas diretrizes. Resistir é um risco para a organização e pode deixar o colaborador em uma situação de obsolescência. Demandar apoio para táticas persuasivas é parte da condução dinâmica do processo de Gestão de Mudanças, e o *timing* deve ser observado com cuidado para evitar que antagonistas atuando nos bastidores cooptem outros *stakeholders* para seguir o seu exemplo.

✓ **Aplicar medidas extremas:** a meta de todo gestor de mudanças é nunca chegar neste ponto da gestão de antagonismos. Medidas extremas são necessárias para casos extremos, isto é, quando todas as medidas para evitar que um antagonista venha a prejudicar a consolidação das mudanças não são bem-sucedidas. Há um ponto em que a situação se torna insustentável e passa a ser ruim para todos – o *stakeholder* que age como antagonista, seus pares e a organização. Nesse cenário de perde-perde é necessário o afastamento do *stakeholder*, seja através de sua redesignação para outra área da empresa ou até mesmo sendo desligado da organização.

A missão do gestor de mudanças é articular estratégias e ações junto com o patrocinador e a equipe do projeto para que a maior quantidade possível de *stakeholders* se engaje nas mudanças. Sabemos que alguns se engajarão rapidamente, outros precisarão de um pouco mais de tempo, e lutamos para que nenhum se torne obsoleto frente ao novo estado da organização após as mudanças. Pessoas também ficam obsoletas quando não conseguem acompanhar as mudanças organizacionais. Nesses casos, a carreira desta pessoa dificilmente prosperará na organização ou pelo menos na parte da organização afetada pelas mudanças. A beleza da atuação de um gestor de mudanças reside justamente em seu papel de ajudar as pessoas que estão sofrendo com as mudanças na dura escalada do "vale do desespero", que é o momento de transição do estado atual para o futuro pós-mudanças. Devemos compreender que um antagonista não é uma má pessoa, ainda que possa ser, mas, sim, alguém que está em estado de sofrimento com a mudança e precisa de ajuda para que seu próprio futuro seja tão próspero quanto o da organização.

A gestão do engajamento dos *stakeholders* para abordagens ágeis deve ser conduzida de forma dinâmica, prática e objetiva em função do tempo decorrido entre os ciclos de desenvolvimento e implantação. Ser dinâmica não quer dizer superficial. As boas práticas descritas precisam ser seguidas, uma vez que a complexidade humana não está relacionada com a abordagem de gestão de projetos escolhida.

Evite longos planos detalhados com ações para cada *stakeholder* e vá para o campo interagir com as pessoas. É possível que você tenha que conviver com novos *stakeholders* entrando no projeto enquanto outros que foram afetados por ciclos de desenvolvimento anteriores ainda estão assimilando as mudanças. Essa é a grande diferença desta macroatividade, se comparada com abordagens lineares de gestão de projetos. O tempo para construir conexões com as pessoas, a dinâmica da entrada de novos *stakeholders* no projeto e a simultaneidade de ciclos na etapa de sustentação demandarão respeito a dois dos valores do Manifesto Ágil que estão diretamente relacionados com os *stakeholders*:

- ✓ Indivíduos e interações mais que processos e ferramentas.
- ✓ Colaboração com o cliente mais que negociação de contratos.

Se observarmos com mais cuidado o Manifesto Ágil, encontraremos ainda dois princípios que devem ser cultivados para que tenhamos um ambiente propício ao engajamento:

- ✓ Pessoas relacionadas a negócios e desenvolvedores devem trabalhar em conjunto e diariamente durante todo o curso do projeto.
- ✓ Processos ágeis promovem um ambiente sustentável. Os patrocinadores, desenvolvedores e usuários devem ser capazes de manter indefinidamente passos constantes.

Note que esses dois princípios estão relacionados com processos participativos, cocriação e envolvimento intenso entre a equipe do projeto e os *stakeholders*. A interação constante entre equipe do projeto e *stakeholders* tende a gerar laços de conexão e pertencimento mais profundos com as entregas do projeto e as mudanças por este introduzidas. Abordagens ágeis que realmente cultivam esses princípios e os colocam como agentes centrais de sua cultura de gestão de projetos tendem a alcançar melhores taxas de engajamento.

Um detalhe interessante que temos observado em organizações que estão adotando abordagens ágeis é que em alguns casos o antagonismo de alguns *stakeholders* não está relacionado com o projeto nem mesmo com a mudança, mas com o destaque que os líderes de iniciativas ágeis estão recebendo. Em um mundo ágil, aqueles que passam a conduzir iniciativas com abordagens ágeis bem-sucedidas podem se tornar alvos na disputa velada por espaço de crescimento na pirâmide hierárquica da organização. Qualquer pessoa que se destaca em uma iniciativa transformadora para uma organização chamará a atenção de competidores por posições na carreira e não raro estes se tornam antagonistas, pois o sucesso do outro incomoda sua agenda pessoal. Pode parecer estranho, mas o sucesso gera desafetos. Competir por espaço é da natureza humana. Do ponto de vista antropológico, podemos dizer que isso sempre fez parte da história da humanidade e na verdade esse é um comportamento observado em várias espécies de animais.

24. Gestão Ágil da Mudança

A Gestão Ágil da Mudança é um conceito aplicado para direcionar a abordagem metodológica de um projeto a partir da avaliação da complexidade das questões ligadas ao fator humano.

Note que o conceito de complexidade aqui não está relacionado ao produto ou serviço a ser desenvolvido, mas com a alta imprevisibilidade do comportamento dos *stakeholders* em relação às mudanças. Frequentemente essas mudanças estão relacionadas a rupturas de paradigmas organizacionais, mudanças que afetam profundamente a cultura ou ainda que tocam em larga escala os *stakeholders* em relação a estruturas de poder e status. Podemos dizer "frequentemente", mas não exclusivamente. Queremos apenas dar uma referência ao leitor, mas é certo que são incontáveis as situações que levam a uma alta imprevisibilidade da resposta humana frente a uma mudança.

Estamos tratando de casos em que tudo o que sabemos é que precisaremos aprender ao longo do projeto, acerca de **como**, em que **volume**, **sequência** e **velocidade** as mudanças deverão ser introduzidas, a fim de que a resistência seja mitigada, o engajamento maximizado e a institucionalização da mudança facilitada.

A implantação das mudanças em ciclos iterativos e incrementais permite que os *stakeholders* tenham o tempo necessário para assimilação dessas, reduzindo o impacto de uma grande ruptura de uma só vez.

É ao longo do Planejamento Estratégico de Gestão de Mudanças que teremos as informações que podem indicar a implantação das mudanças com uma abordagem ágil de gestão de projetos, a fim de viabilizar a implantação das mudanças em diversos ciclos.

Algumas das variáveis que devem ser observadas para se considerar a abordagem mais adequada para gestão do projeto e das mudanças são:

- ✓ Simultaneidade das mudanças propostas com outras em curso na organização.
- ✓ Velocidade e volume de introdução das mudanças.
- ✓ Impactos organizacionais preliminarmente previstos. Vale especial atenção em relação às mudanças que afetarão profundamente estruturas de poder e percepção de status.
- ✓ Maturidade da organização para lidar com perdas.
- ✓ Características da cultura organizacional e seus reflexos nas mudanças.
- ✓ Nível de adesão provável dos *stakeholders* às mudanças.
- ✓ O quanto eventuais mudanças anteriormente implantadas estão consolidadas e foram de fato institucionalizadas. Se a organização passou recentemente por grandes mudanças, é possível que tenha mais dificuldade de conviver com novo ciclo de mudanças radicais.
- ✓ Existência de cicatrizes organizacionais oriundas de mudanças anteriores que foram malconduzidas.
- ✓ Características do projeto em si e viabilidade de aplicação da abordagem ágil para implantação iterativa e incremental das mudanças.

Não se furte de incluir outras variáveis que você julgue que possam afetar profundamente o ***status quo*** e tornar a reação dos *stakeholders* altamente imprevisível.

A partir da avaliação dessas variáveis e da discussão com o comitê de gestão do projeto e com o patrocinador, projetos inicialmente concebidos para serem desenvolvidos com abordagens lineares podem ser reconfigurados para uma abordagem ágil, permitindo assim que mudanças sustentáveis sejam alcançadas com menor impacto na organização.

No caso dos projetos que já tomaram a decisão de aplicar uma abordagem ágil, essas variáveis humanas devem ser consideradas no planejamento das *Releases* e iterações, junto com as demais relacionadas aos produtos e serviços. O foco aqui está em pensar no projeto, mas também na sustentabilidade das mudanças a serem introduzidas.

Um projeto orientado pelo conceito de Gestão Ágil da Mudança usa dos mesmos princípios, valores, rituais e processos da abordagem ágil de gestão de projetos e, por consequência, deve adotar o modelo de Gestão de Mudanças apresentado a partir do Capítulo 12 – Gestão de Mudanças e o universo ágil.

24.1. Gestão Ágil da Mudança e Manifesto Ágil

A Gestão Ágil da Mudança, como já dissemos, é um modelo conceitual que não é inspirado nem adota práticas de nenhum *framework* ou metodologia. A principal referência adotada pelo modelo conceitual da Gestão Ágil da Mudança é o Manifesto Ágil. Na sequência apresentamos a correlação que pode ser feita entre os valores e princípios do Manifesto Ágil com o conceito de Gestão Ágil da Mudança.

Valores do Manifesto Ágil:

1. **Indivíduos e interações mais que processos e ferramentas.** A Gestão Ágil da Mudança privilegia o contato humano como prioridade. *Feedbacks* informais valem mais do que pesquisas formais. Observação comportamental, discussões e percepções da equipe que forma o comitê de Gestão de Mudanças prevalecem sobre pesquisas de engajamento.
2. **Software em funcionamento mais que documentação abrangente.** Ajustar a abordagem de Gestão de Mudanças dinamicamente de acordo com o *feedback* dos *stakeholders* é mais relevante do que um amplo e detalhado plano de ação para gestão das mudanças. Não que planejamento não seja necessário, mas, como o aprendizado é contínuo, investir muito tempo em planejar algo que não se tem certeza de que vai funcionar pode não compensar. Tenha algum plano, mas não seja refém deste. Esteja pronto para rasgá-lo e mudar sua abordagem sempre que você perceber que uma mudança poderá mais facilmente ser assimilada e consolidada pelos *stakeholders* através de outras alternativas.
3. **Colaboração com o cliente mais que negociação de contratos.** Construir junto através de processos participativos e de cocriação faz parte da essência da Gestão Ágil da Mudança. Buscamos com essa abordagem ampliar a percepção de pertencimento e conexão das pessoas com o que se está desenvolvendo e com a estratégia de implantação das mudanças. Fornecedores são sempre tratados como parte da equipe do projeto e, como todas as pessoas, precisam de um ambiente que favoreça sua motivação e a entrega de seu melhor esforço.
4. **Responder a mudanças mais que seguir um plano.** É neste valor que reside o conceito de adaptabilidade. O caminho para a consolidação das mudanças e sua velocidade de implantação são revelados na medida em que o projeto ou programa avança. Largamos com um plano que na prática é um conjunto de intenções e desenvolvemos ao longo da jornada as ações que percebemos serem necessárias em função das inquietudes e inseguranças psíquicas mapeadas junto aos *stakeholders*. Até mesmo a sequência e as prioridades de implantação das mudanças podem ser ajustadas dinamicamente ao longo do desenvolvimento dos ciclos. No extremo, uma parte da mudança que esteja

em desenvolvimento ou até pronta para ser implantada, mas que se mostra inadequada para as circunstâncias do momento, pode ser suspensa, cancelada ou postergada, caso esta se mostre uma ferrenha agressora do engajamento, com potencial prejuízo para que os objetivos estratégicos sejam alcançados. Sacrificar uma parte pelo todo requer desapego, mas por vezes é a decisão mais acertada. É possível e provável que, mais adiante, após outras mudanças terem sido institucionalizadas, aquelas que foram interrompidas se tornem viáveis.

Os 12 princípios do Manifesto Ágil

1. **Nossa maior prioridade é satisfazer o cliente através da entrega adiantada e contínua de software de valor.** Para o gestor de mudanças, clientes também são os *stakeholders*, assim como usuários, fornecedores, sindicatos, governo, membros da alta direção que miram em objetivos estratégicos definidos para a organização, etc. Mudanças implantadas através de métodos impositivos ou coerção cobram um alto preço em termos de motivação, produtividade e clima organizacional, podendo levar ao estado de presenteísmo dos *stakeholders* e tornar a mudança insustentável com o tempo. Empresas que usam de métodos impositivos costumam parecer sem alma (no latim *animu* ou *anima*, que significa "o que anima"), onde os colaboradores literalmente alugam seus corpos, mas não suas mentes, sua criatividade e seu compromisso. É a coisificação do ser humano descrita pelo Dr. Paulo Gaudêncio em seu clássico "Men at Work" (1999). "Pessoas tratadas como coisas respondem como coisas e coisas não pensam nem têm sentimentos". As mudanças que afetam o relacionamento da organização com seus clientes demandam muita atenção, precisam de planejamento detalhado envolvendo áreas como marketing, comercial, jurídico, etc. *Feedback* intenso e comunicação empática serão fatores críticos para o sucesso da empreitada. Ajustes dinâmicos podem ser necessários para que o mercado não resista ou se sinta mal atendido. Compreender essa complexa relação de conexão entre empresa e seus consumidores é vital para satisfazê-los. Não basta um bom produto ou serviço disponível. É preciso que o mercado o perceba como bom, adequado e útil para suas necessidades e desejos. Só assim os clientes de fato serão engajados nas mudanças introduzidas pelo projeto.
2. **Aceitar mudanças de requisitos, mesmo no fim do desenvolvimento. Processos ágeis se adequam a mudanças, para que o cliente possa tirar vantagens competitivas.** Vantagens competitivas são o resultado de produtos e serviços adequadamente desenvolvidos, mas cujas mudanças organizacionais por estes introduzidas foram institucionalizadas. Só assim os objetivos estratégicos que motivaram a empreitada são alcançados. Já tratamos nos valores do Manifesto Ágil da adaptabilidade necessária para as mudanças organizacionais. É possível

ainda que mudanças de escopo/requisitos sejam necessárias não só por questões técnicas, mas também para ampliar o engajamento dos *stakeholders*. Note que clientes e usuários também são *stakeholders*, e sua capacidade de assimilar os produtos e serviços em desenvolvimento deve ser levada em conta em eventuais ajustes nos produtos e serviços.

3. **Entregar software funcionando com frequência, na escala de semanas até meses, com preferência aos períodos mais curtos.** Entregar mudanças de forma iterativa e incremental com frequência para manter a cadência do processo de transformação organizacional é a base da Gestão Ágil da Mudança. A frequência, isto é, a velocidade com que as mudanças serão introduzidas é uma variável de ajuste contínuo que levará em conta a sustentabilidade observada por cada mudança implementada, tentando-se inferir o MaSC (*Maximum Sustainable Change*). Exploraremos adiante esse conceito em detalhes.
4. **Pessoas relacionadas a negócios e desenvolvedores devem trabalhar em conjunto e diariamente, durante todo o curso do projeto.** O trabalho em equipe é um dos conceitos essenciais da Gestão Ágil da Mudança, que se relaciona diretamente com o senso de urgência e a mobilização da organização em seu processo de transformação. Além disso, já tratamos de processos participativos e seus efeitos sobre a percepção de pertencimento e conexão com as mudanças, que é em muito amplificado quando *stakeholders* de áreas afetadas pelas mudanças atuam em conjunto com a equipe do projeto. A definição da estrutura organizacional do projeto é uma das atividades do Plano Estratégico de Gestão de Mudanças (**PEGM**), cujo objetivo está relacionado ao modelo de governança, mas especialmente formação de cadeias de copatrocínio e a indução dos *stakeholders* ao protagonismo. Comitês e conselhos são ótimas alternativas para que a responsabilidade pelos resultados da mudança seja comum aos *stakeholders* de diversos níveis hierárquicos. Por fim, a clara definição de papéis e responsabilidades da equipe de projeto, que também é um item do **PEGM**, promove o alinhamento de expectativas e potencialmente amplifica o compromisso dos *stakeholders* com o projeto. Técnicas adicionais ligadas a processos de gestão de pessoas, tais como: avaliação de desempenho, bonificação e critérios de evolução na carreira, identificadas na avaliação da cultura organizacional, também são muito úteis para fazer com que o projeto não seja apenas de sua equipe técnica, mas também dos profissionais das áreas de negócio.
5. **Construir projetos ao redor de indivíduos motivados, dando a eles o ambiente e suporte necessário, e confiar que farão seu trabalho.** A gestão da motivação é uma das macroatividades recorrentes que são desenvolvidas pela Gestão de Mudanças. Essa atividade tem íntima relação com outras macroatividades, tais como: gestão de conflitos, estresse e comportamentos. Há mesmo

uma relação de causa e efeito entre estas, na medida em que equipes mais motivadas tendem a ser mais tolerantes ao estresse. Da mesma forma, ambientes excessivamente estressantes afetam a motivação, estimulam comportamentos inadequados e podem levar a conflitos. Criar o ambiente e o suporte necessário passa não só pelas questões físicas e estruturais, mas também pela atmosfera humana e pelas relações transparentes e de confiança mútua. Para as lideranças da organização, confiar na capacidade da equipe é um exercício de delegação que exigirá a renúncia ao modelo tradicional de comando e controle e exigirá estímulo constante para que as pessoas se sintam confortáveis com os desafios de suas atividades. Mais importante do que expressar sua confiança com palavras é demonstrá-la com atitudes.

6. **O método mais eficiente e eficaz de transmitir informações para, e por dentro de, um time de desenvolvimento é através de uma conversa cara a cara.** Nosso modelo de Gestão de Mudanças proposto estimula a alta interação entre as pessoas. Segundo pesquisa realizada pela Professora Vanessa Bohns, da ILR School na Cornell University (2017), um pedido feito cara a cara é 34 vezes mais efetivo do que quando feito por meios indiretos como o e-mail, por exemplo. Levantar-se da cadeira e interagir com as pessoas para criar conexões é uma boa prática que estimulamos a ponto de sugerir que no caso do gestor de mudanças ele invista pelo menos 70% de seu tempo interagindo e especialmente ouvindo os *stakeholders*.
7. **Software funcional é a medida primária de progresso.** Para a Gestão Ágil da Mudança, a institucionalização das mudanças é a medida primária do progresso. Se as mudanças implantadas não estão sendo assimiladas é provável que estejamos errando na maneira, na sequência, no volume ou na velocidade em que as estamos conduzindo.
8. **Processos ágeis promovem um ambiente sustentável. Os patrocinadores, desenvolvedores e usuários devem ser capazes de manter indefinidamente passos constantes.** O patrocinador é tratado como uma figura central em nossa abordagem de Gestão de Mudanças. A primeira macroatividade que listamos no PEGM é justamente "definir e preparar o patrocinador". Patrocinador não nasce pronto e precisa ser instruído, envolvido e preparado para agir como esperado. Usuários que não estão diretamente envolvidos no desenvolvimento no projeto recebem uma atenção especial em termos de comunicação e treinamento, para que tenhamos um ambiente de transparência e conexão constante com o projeto e as mudanças que estão por vir. Aplicar processos participativos e rituais de gestão de projetos como reuniões de conselhos e comitês é outro fator essencial para o alinhamento contínuo e consequentemente "passos constantes".

9. **Contínua atenção à excelência técnica e bom design aumenta a agilidade.** Para a Gestão de Mudanças, além dos aspectos técnicos, excelência na gestão do fator humano é o caminho para a implantação de mudanças sustentáveis. O conceito de Gestão Ágil da Mudança leva em conta ainda que a simultaneidade da introdução de mudanças pode ser ampliada na medida em que os primeiros ciclos de mudanças implantados são bem-sucedidos. O que se espera nesse caso é que a insegurança psíquica seja reduzida e a possibilidade de engajamento ampliada continuamente, criando um ciclo virtuoso para as mudanças subsequentes. Ampliar o engajamento e reduzir a potencial de antagonismo a cada ciclo de mudanças implementado traz reflexo direto no MaSC (*Maximum Sustainable Change*).
10. **Simplicidade: a arte de maximizar a quantidade de trabalho que não precisou ser feito.** A fronteira entre metodologia e burocracia é tênue e não raro vemos profissionais de Gestão de Mudanças debruçados em imensos mapas de *stakeholders* hiperdetalhados com dezenas de ações a serem desenvolvidas. Nossa visão é simples e se relaciona diretamente com os quatro valores do Manifesto Ágil. Em resumo, menos intenção e mais ação. Menos e-mails e comunicados formais e mais interações diretas com as pessoas. Ferramentas são meios e não um fim em si, e algumas abordagens de Gestão de Mudanças estão tão ancoradas em aparatos tecnológicos e formalidades que acabam promovendo a **gestão burocrática da mudança**: muitos relatórios, gráficos, *slides* de apresentações e pouca humanização do ambiente de mudanças. A Gestão Ágil da Mudança é por definição o contrário disso. Algumas poucas ferramentas são necessárias. Sofisticação não necessariamente leva à excelência. Ser simples para ser eficaz é um dos valores do *Human Change Management Institute* e faz parte do DNA da Gestão Ágil da Mudança.
11. **As melhores arquiteturas, requisitos e designs emergem de times auto-organizáveis.** Acreditamos que a auto-organização é algo a ser perseguido, pois traz benefícios importantes para a equipe do projeto. Entretanto, implementar um modelo de equipe auto-organizável por si só já é uma mudança que potencialmente toca em questões sensíveis ao ser humano, como: ego, status, poder e agendas pessoais. Fazer uma mudança para implantar outra não é uma alavanca que facilite a implantação daquelas que almejamos com o projeto. O respeito à cultura estabelecida na organização é importante do ponto de vista da Gestão de Mudanças, para que o antagonismo não seja despertado justamente por *stakeholders* incomodados com o modelo de gestão do projeto. Exceto nos casos de empresas que já cultivam a prática de equipes auto-organizáveis, esse princípio, se levado ao extremo, pode ser um agressor

do engajamento. Entretanto, para aquelas organizações onde a cultura já aceita equipes auto-organizáveis de maneira natural, essa é uma ótima maneira de usar aspectos extrínsecos para estimular motivação intrínseca. Equipes auto-organizáveis tendem a apresentar maior nível de motivação e comprometimento com os desafios de projetos, e tirar proveito desse modelo pode ser uma excelente opção para criar um clima de projeto propício para mudanças. Projetos são excelentes oportunidades de lapidação da cultura organizacional. Se em sua organização a cultura de comando e controle ainda é muito presente, introduza o conceito de equipes auto-organizáveis, discuta as restrições para auto-organização com moderação, mas aproveite esse momento para que o projeto deixe um legado também no modelo de delegação e empoderamento das equipes.

12. **Em intervalos regulares, o time reflete em como ficar mais efetivo, então se ajustam e otimizam seu comportamento de acordo.** Macroatividades de aprendizado contínuo, lições aprendidas, rituais de *feedback*, *briefings* e *debriefings* de eventos são alguns dos momentos de reflexão da equipe do projeto que proporcionam ajustes comportamentais, tanto da equipe do projeto quanto de *stakeholders* que não atuam diretamente no projeto, mas são usuários importantes para a consolidação das mudanças. Mais uma vez vemos aqui a convergência entre o Manifesto Ágil e a Gestão Ágil da Mudança.

24.2. Crenças da Gestão Ágil da Mudança

A Gestão Ágil da Mudança está amparada em um conjunto de crenças que devem ser cultivadas ao longo de todo o processo de implantação e institucionalização das mudanças:

- ✓ Foco nas mudanças humanas e individuais para se chegar nas mudanças organizacionais.
- ✓ Interações interpessoais intensas tocam mais nas pessoas do que pesquisas e comunicações formais.
- ✓ Atitude empática e foco na causa-raiz é o caminho para compreender o desconforto com as mudanças e potenciais fontes de antagonismo.
- ✓ Criar conexão através da emoção transforma mais do que abordagens direcionadas pela razão.
- ✓ Introduzir as mudanças em ciclos iterativos e incrementais respeita o tempo humano de assimilação das mudanças, evitando que a sobrecarga de mudanças afete o ambiente organizacional.

- ✓ Compreender a resposta humana da introdução das mudanças a partir do *feedback* de cada ciclo de implantação permite ampliar, com menor risco, o volume, a sequência, a velocidade e a simultaneidade das próximas implantações.
- ✓ Todo projeto faz parte do processo contínuo de transformação organizacional e deve criar um clima positivo para que a organização se torne cada vez mais resiliente e receptiva às mudanças futuras.

Aplicando de maneira intransigente essas crenças teremos maior facilidade de implantar mudanças ágeis, pois aqui está o coração da mudança. Note que o foco primário dessas crenças não está relacionado com questões lógicas e racionais, mas com as questões psicológicas e emocionais.

Para que a Gestão Ágil da Mudança funcione adequadamente, precisamos aprender acerca das melhores alternativas para introdução das mudanças. Quanto mais aprendermos o que funciona e o que deve ser evitado, maior a possiblidade de ampliarmos a velocidade de implantação das mudanças através da simultaneidade de ciclos de implantação. Nosso foco estará sempre em partir do MSC (*Minimum Sustainable Change*) para chegarmos no MaSC (*Maximum Sustainable Change).*

24.3. O processo de Gestão Ágil da Mudança

Assim como nas abordagens ágeis de gestão de projetos, o conceito de Gestão Ágil da Mudança pressupõe o desenvolvimento de ciclos iterativos e incrementais. Não nos atemos aos rituais, processos ou regras de nenhuma metodologia ou *framework* ágil específico, mas podemos dizer que há similaridade de algumas premissas da Gestão Ágil da Mudança com abordagens ágeis de gestão de projetos. A priorização de um *Backlog*, a elaboração de hipóteses, o desenvolvimento e o teste com a busca de *feedback* para aprimoramento, dentro de um contexto de experimentação e aprendizagem contínua, são parte das premissas que encontram convergência com as abordagens ágeis de gestão de projetos.

A figura a seguir representa o processo de priorização, desenvolvimento, implantação, sustentação das mudanças e avaliação dos resultados.

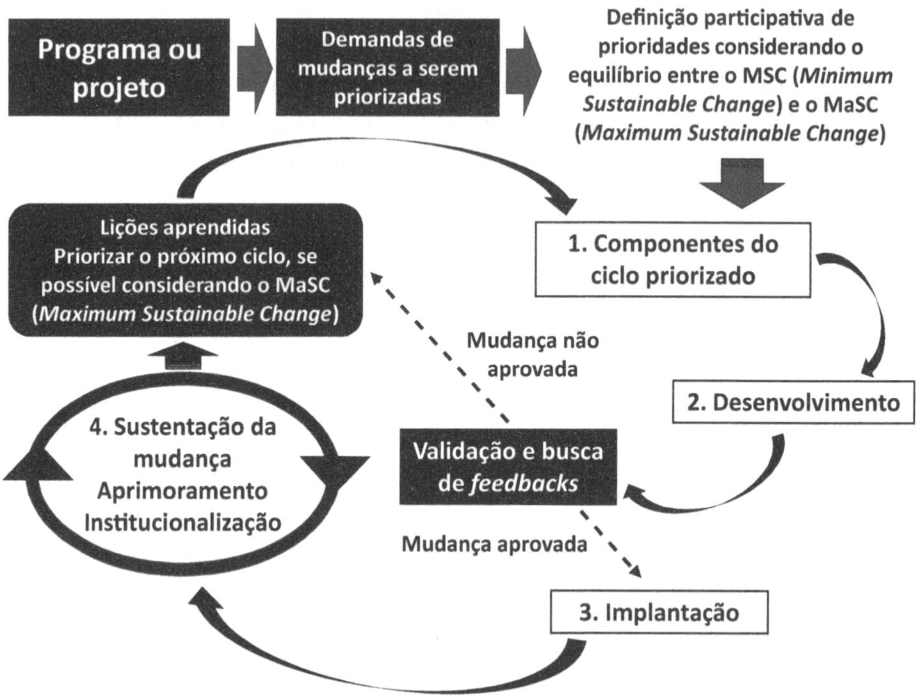

Figura 24.1. Modelo de Gestão Ágil da Mudança e seus processos de priorização, desenvolvimento, implantação, sustentação e aprendizagem com as mudanças introduzidas

Introduzir mudanças em ciclos iterativos permite que as pessoas cruzem o "vale do desespero", vivam o luto de eventuais perdas percebidas e assimilem uma certa quantidade de mudanças antes que novo ciclo se inicie. Nosso modelo visa ampliar paulatinamente o engajamento, uma vez que o impacto das mudanças não ocorre de uma só vez. Cada ciclo bem-sucedido cria o ambiente adequado para o próximo. Cada mudança implementada permite avaliar e aprender mais e mais sobre o que gera desconforto nas pessoas, o nível de antagonismo que potencialmente será encontrado e quais estratégias de engajamento funcionam melhor naquela cultura, naquele momento e nas atuais circunstâncias.

24.4. Definição participativa de prioridades das mudanças

O processo de planejamento e definição de prioridades toma como base a interação com *stakeholders*, especialmente os decisores, para que a sequência, a velocidade e o volume de introdução das mudanças sejam definidos através de processos participativos. Esse modelo, por si só, gera maior comprometimento e percepção de conexão dos *stakeholders* decisores com as mudanças propostas. A definição das prioridades leva em conta não só aspectos técnicos, socioambientais e mercadológicos, mas também os humanos em relação àqueles mais afetados pela mudança. O desafio aqui é justamente o equilíbrio de todas essas variáveis a fim de que as mudanças sejam introduzidas com foco nos objetivos estratégicos, mas também em uma velocidade compatível com a capacidade dos *stakeholders* e da organização em assimilar as mudanças. Utilizamos duas referências acerca da capacidade de absorção das mudanças organizacionais:

- ✓ **MSC – *Minimum Sustainable Change*.** Isto é, considerando as variáveis que balizaram a definição pela abordagem de Gestão Ágil da Mudança, qual é a mudança mínima sustentável, que atende às diretrizes de negócio, gerando o menor nível de resistência possível, para que um ciclo virtuoso de mudanças seja iniciado, criando um ambiente de segurança psíquica para que as demais mudanças planejadas sejam mais facilmente recebidas.
- ✓ **MaSC – *Maximum Sustainable Change*.** A máxima mudança sustentável representa o limite provável de tolerância que a organização tem para assimilar as mudanças sem gerar insegurança psíquica a ponto de saturar as pessoas e acirrar potenciais antagonismos. Encontrar o **MaSC** é o que se busca para que o volume de mudanças simultâneas possa atingir seu ponto máximo, com alto engajamento dos *stakeholders*.

Sobrecarregar os *stakeholders* com um volume excessivo de mudanças simultâneas pode ser a chave para o fracasso de uma empreitada. Isso ocorre quando se extrapola o **MaSC**. Por outro lado, conduzir as mudanças em um ritmo excessivamente moderado e conservador pode limitar a velocidade de transformação da organização. Isso ocorre quando se subestima o **MSC ou MaSC**. Esse é o dilema a ser conduzido com equilíbrio nessa delicada equação entre o desejável e o possível, entre a capacidade da organização de assimilar as mudanças introduzidas pelos projetos e programas desenvolvidos para implantar produtos e serviços que levem a organização a alcançar seus objetivos estratégicos.

Para reduzir a subjetividade natural que existe em relação à capacidade mínima e máxima de uma organização suportar mudanças, utilizamos uma abordagem participativa. Com diferentes perspectivas dos *stakeholders* decisores envolvidos, além de termos maior assertividade, teremos também maior compromisso destes com as decisões tomadas.

A boa prática nesse caso exige a estruturação do processo decisório com os seguintes passos:

a) Estabelecimento de critérios de definição de prioridades das mudanças junto à equipe de projetos.
b) Apresentação e validação dos critérios e pesos relativos com os *stakeholders* decisores, que opinarão acerca de sua visão sobre as prioridades.
c) Condução do processo participativo de seleção das prioridades com base na opinião dos *stakeholders* decisores.

Apresentamos na figura a seguir um exemplo de ferramenta de apoio ao processo decisório para a priorização de itens que constarão em um ciclo a ser desenvolvido em um projeto de implantação de um centro de serviços compartilhados.

Peso	Critério de priorização	Departamento de finanças			
		Contas a pagar	Contas a receber	Tesouraria	Contabilidade
1	Facilidade de implantação técnica				
3	Viabilidade (financeira)				
2	Ganhos de sinergia				
2	Velocidade de implantação				
3	Baixo risco de implantação				
3	Adesão provável à mudança				
Total		0	0	0	0

Figura 24.2. Exemplo de modelo decisório de prioridades a serem consideradas em um ciclo da Gestão Ágil da Mudança

24.5. Desenvolvimento, validação, implantação e agilidade das mudanças

A partir da definição das prioridades de introdução das mudanças, o primeiro ciclo de desenvolvimento do projeto será iniciado. Uma vez concluído este ciclo de desenvolvimento, será necessário validar os produtos e serviços para obter *feedbacks* junto aos *stakeholders*.

Na abordagem de Gestão Ágil da Mudança esse *feedback* não está restrito apenas ao escopo e à qualidade do que foi desenvolvido, mas especialmente à resposta humana em termos de engajamento ou antagonismo. A percepção e o comportamento dos *stakeholders* são o que mais contará para que se possa avaliar se as mudanças desenvolvidas poderão ser implantadas. O pior caso é concluir que, não obstante todo o esforço envidado, a organização apresenta alto nível de rejeição às mudanças e nesse caso será necessário retornar ao ciclo de priorização, dessa vez levando em conta também as lições aprendidas. A partir desse ponto, provavelmente a organização terá uma melhor compreensão das variáveis para definir o **MaSC** e a probabilidade de fracasso em novo ciclo de introdução de mudanças será muito menor.

O que esperamos após o primeiro ciclo de desenvolvimento, validação e implantação de mudanças é que se possa gradativamente acelerar os próximos. Ainda assim, em alguns casos, outros ciclos de mudanças terão que ser introduzidos de forma sequencial, um a um, antes que seja possível a introdução de ciclos simultâneos de mudanças. A simultaneidade só é aplicável quando a organização apresenta boa resposta em termos de resiliência sem acampar em um estado de luto organizacional em função das mudanças já introduzidas.

A cada ciclo de mudanças implantado, o *feedback* colhido de maneira formal e informal com os *stakeholders* permitirá inferir com maior assertividade o **MaSC**. Isto é, depois da experimentação e do *feedback*, devemos manter um ritmo semelhante ou podemos ampliar a velocidade de introdução das mudanças? É viável ampliar o ponto máximo de assimilação com que os *stakeholders* podem absorver as mudanças sem acirrar naturais resistências? Cabe escalar a introdução das mudanças através de mais de um ciclo de desenvolvimento concomitante?

Em muitos casos, após um ou mais ciclos, o *feedback* recebido nos permite ampliar o **MaSC** agilizando as mudanças. Entretanto, como boa prática, após cada novo ciclo implantado faz-se necessária nova avaliação, e não raro concluiremos que passamos do ponto. A resposta ao nível de engajamento não foi a esperada. Novos antagonismos surgiram ou antigos ganharam força. Nesses casos, mais uma vez, as lições aprendidas terão forte influência na priorização dos novos ciclos de mudanças. O volume, a velocidade e a simultaneidade das mudanças terão que ser repensados para que os ciclos virtuosos de assimilação das mudanças não sejam rompidos. As boas práticas ligadas à avaliação da causa-raiz de resistências precisarão de foco total a fim de que se possa compreender de forma empática o que está causando desconforto com as mudanças. Um ciclo de mudanças pode apresentar baixa resistência e outro, por mais que as pessoas de maneira geral estejam demonstrando adaptação, pode afetar *stakeholders* antes não incomodados com o projeto ou programa.

Quando concluirmos que tocamos no **MaSC** em um ciclo de implantação, devemos levar em conta que alcançamos uma fronteira sensível de assimilação humana das mudanças e medir com cuidado os próximos passos, a fim de que a ansiedade natural de vermos os objetivos estratégicos implantados não nos precipite no nebuloso labirinto das resistências incompreendidas.

Nos casos em que passamos do ponto, a prudência recomendará que voltemos a pensar no novo ciclo tentando inferir e tomar decisões com base no ponto de equilíbrio entre o **MSC** e o **MaSC**, ou, em outras palavras, qual ritmo mais adequado para calibrar esse pouco previsível a altamente subjetivo movimento de introdução e assimilação das mudanças.

Cabe ressaltar que antagonistas às mudanças poderão tentar reduzir o **MSC** ou sinalizar a cada ciclo que o **MaSC** foi extrapolado. Essas são respostas humanas ao desconforto com as mudanças, tentando evitar ou postergar o inevitável. O gestor de mudanças deve estar atento a esses comportamentos que eventualmente surgem dentro da equipe que está avaliando um ciclo de desenvolvimento ou decidindo a prioridade de implantação das próximas mudanças. Todas as técnicas anteriormente apresentadas para gestão de *stakeholders* e antagonismos são perfeitamente aplicáveis nessas circunstâncias.

Recentemente trabalhando em um projeto de implantação de um **CSC** (Centro de Serviços Compartilhados), notamos que a abordagem original de gestão do projeto no modelo linear geraria grande resistência dos *stakeholders* em função do imenso impacto que as mudanças trariam de uma só vez em boa parte da equipe das áreas de negócio envolvidas.

Tentar antever o nível de engajamento, considerando os reflexos das mudanças em termos de status e poder, e especialmente dos executivos envolvidos, parecia ser um mero exercício especulativo com pouca chance de ser assertivo.

Entrevistas preliminares nos levaram a um diagnóstico no qual o quadro de incertezas e de potencial resistência, tanto das pessoas das áreas que fariam parte do **CSC** quanto dos *stakeholders* que viriam a ser clientes dessas áreas, indicava que a Gestão Ágil da Mudança seria ótima alternativa para introdução das mudanças.

Discutimos as alternativas de condução estratégica das mudanças com o patrocinador e a equipe do projeto e optamos por seguir os princípios da Gestão Ágil da Mudança. Neste exemplo, estamos falando de uma organização onde a maturidade em Gestão de Mudanças é alta. O foco não está somente na entrega do projeto, no prazo, custo e escopo, mas nos objetivos estratégicos que o motivaram. Nem sempre este será o cenário encontrado, mas cabe ao gestor de mudanças sensibilizar e educar as organizações em relação aos fatores humanos como elementos críticos de qualquer empreitada.

Além disso, estabelecemos a perspectiva de que o aprendizado com a implantação de cada ciclo de mudança seria um catalisador para que as demais fossem cada vez mais rapidamente assimiladas pela organização. Projetos dessa natureza, por vezes, são bem-sucedidos do ponto de vista lógico, mas se mostram inviáveis com o passar do tempo. Já vivenciamos casos em que anos após a implementação de um centro de serviços compartilhados, quando já se poderia inferir que a mudança estava institucionalizada, contrariando toda a lógica, dados e fatos relacionados com ganhos de sinergia e redução de custos, questões emocionais daqueles que perceberam perdas nas mudanças falaram mais alto e a mudança foi revertida, retornando ao modelo anterior de silos departamentais.

Isso pode parecer insano e na verdade é, mas o que vemos nesses casos é a mais pura expressão das frustrações sentidas por *stakeholders* que foram profundamente afetados pelas mudanças, sem que de fato nunca tenham se adaptado ao novo estado da organização e que só estavam esperando alguma oportunidade para voltar à sua zona de controle e conforto.

Talvez tenha faltado tempo para assimilação das mudanças. Talvez o patrocínio tenha sido perdido por mudanças na estrutura organizacional. Fato é que, em nossa experiência, de três implantações de Centros de Serviços Compartilhados (**CSC**) aparentemente bem-sucedidas, duas voltaram atrás, mesmo depois de apresentarem resultados e aparentarem certo nível de consolidação. Ego, status, poder e agendas pessoais são questões que jamais podem ser desconsideradas para a sustentabilidade das mudanças.

Nessa experiência mais recente, a Gestão Ágil da Mudança se mostrou uma excelente alternativa. Uma vez respeitado o tempo humano necessário para que os *stakeholders* processassem as mudanças, pouco a pouco a percepção de perda de poder e relevância em termos de status foi se dissipando. A sincronização da criação do **CSC** com a designação dos principais *stakeholders* para novas funções criadas dentro do processo contínuo de transformação organizacional permitiu que a resistência baixasse e o engajamento fosse aos poucos ganhando espaço entre a maioria dos envolvidos.

Não se pode negar que houve momentos de estresse, aceleração demasiada, aprendizagem, desaceleração, encontros e desencontros com o **MaSC**. Faz parte da empreitada aprender **como**, em que **volume** e **velocidade** as mudanças devem ser introduzidas. Ainda assim, no final das contas, o modelo de serviços compartilhados foi implantado, não sem dor, mas com sucesso, e ainda hoje opera com maestria. A Gestão Ágil da Mudança mostrou-se uma abordagem virtuosa, que começou com menos intensidade do que o *top management* almejava, mas no fim demandou menos tempo do que originalmente imaginado entre o planejamento e sua total institucionalização.

Bibliografia

AGOSTINHO, Marcia Cristina Esteves. "Administração Complexa": revendo as bases científicas da administração. **RAE electron.**, vol. 2, n. 1, São Paulo, June 2003. Disponível em: <http://www.scielo.br/scielo.php?script=sci_arttext&pid=S1676-56482003000100016&lng=en&nrm=iso>. Acesso em: 04 dez. 2019.

ALDERFER, Clayton P.; SCHNEIDER, Benjamin. Three Studies of Measures of Need Satisfaction in Organizations. **Administrative Science Quarterly**, Ithaca, vol. 8, n. 4, Dec. 1973, p. 489.

APPELO, Jurgen. **Management 3.0:** leading agile developers, developing agile leaders (Addison-Wesley Signature Series). Upper Saddle River, NJ: Addison-Wesley, 2011.

AXELOS. **PRINCE2 Agile®.** The Stationery Office, 2015.

BECK, Kent; ANDRES, Cynthia. **Extreme programming explained:** embrace change. 2nd.ed. Boston, MA: Addison-Wesley Professional, 2004.

BLANK, Steven G. **The Four Steps To The Epiphany:** successful strategies for products that win. (s.l.): K & S Ranch, 2013.

BOHNS, Vanessa K. A Face-to-Face Request Is 34 Times More Successful Than an Email. **Harvard Business Review**, Apr. 11, 2017. Disponível em: <https://hbr.org/2017/04/a-face-to-face-request-is-34-times-more-successful-than-an-email>. Acesso em: 04 dez. 2019.

DUHIGG, Charles. **O Poder do Hábito.** Rio de Janeiro: Objetiva, 2012

GAUDENCIO, Paulo. **Men at Work.** São Paulo: Gente, 1999.

GOLDRATT, Eliyahu M. **A Meta.** Barueri: Nobel, 2015.

GONÇALVES, Vicente; CAMPOS, Carla. **The Human Change Management Body of Knowledge.** Boca Raton, FL: CRC Press, Taylor & Francis, 2018.

HERRMANN, Ned. **The Creative Brain.** 2nd. ed. Lake Lure, NC: Brain Books, 1989.

KOTTER, John P. **Leading Change.** Boston, MA: Harvard Business Review Press, 2012.

LEWIN, Kurt. Field theory and experiment in social psychology: concepts and methods. **American Journal of Sociology**, vol. 44, n. 6, May 1939, p. 868-896.

MANIFESTO FOR AGILE SOFTWARE DEVELOPMENT. Site. Disponível em: <https://agilemanifesto.org/>. Acesso em: 04 dez. 2019.

MASLOW, Abraham H. **Motivation and Personality.** New York: Harper & Row, 1954

MURRAY, Henry A. **Explorations in personality.** New York: Oxford University Press, 1938.

PMI. **Pulse of the Profession®:** Capturing the Value of Project Management Through Organizational Agility. Project Management Institute, 2015.

RAATH, Russell. When Innovation Fails. **Forbes**, June 28, 2012. Disponível em: <https://www.forbes.com/sites/johnkotter/2012/06/28/the-leaders-path-to-innovation-less-control-more-chaos/#31afa5373873>. Acesso em: 04 dez. 2019.

RIES, Eric. **The Lean Startup.** New York: Crown Business, 2011.

ROGERS, Everett M. **Diffusion of Innovations.** 5th. ed. New York: Simon and Schuster, 2003.

SCHWABER, Ken; SUTHERLAND, Jeff. **Software in 30 days:** how agile managers beat the odds, delight their customers, and leave competitors in the dust. Hoboken, NJ: John Wiley & Sons, 2012.

SHEETZ, Michael. Technology killing off corporate America: average life span of companies under 20 years. **CNBC**, Aug. 24, 2017. Disponível em: <https://www.cnbc.com/2017/08/24/technology-killing-off-corporations-average-lifespan-of-company-under-20-years.html>. Acesso em: 05 dez. 2019.

SNOWDEN, Dave. Cynefin dynamics. **Cognitive Edge**, July 02, 2015. Disponível em: <https://cognitive-edge.com/blog/cynefin-dynamics/>. Acesso em: 04 dez. 2019.

SNOWDEN, David J.; BOONE Mary E. A Leader's Framework for Decision Making. **Harvard Business Review**, Nov. 2007.

SUTHERLAND, Jeff; AHMAD, Nafis. **How a Traditional Project Manager Transforms to Scrum:** PMBOK vs. Scrum. Presented paper at Agile 2011.

TALEB, Nassim. **A lógica do cisne negro.** Rio de Janeiro: Best Seller, 2008.

TERENTIM, Gino. O Fim da Estratégia: uma tragédia em três atos. **MundoPM**, Dez. 2018/Jan. 2019. Disponível em: <https://projectdesignmanagement.com.br/produto/artigo01/>. Acesso em: 04 dez, 2019.

WOMACK, James P.; JONES, Daniel T. **Lean Thinking:** banish waste and create wealth in your corporation. New York, NY: Free Press, 2003.

+ de 200 Títulos
BRASPORT
e-Book
50% mais barato que o livro impresso.
Confira nosso catálogo!
À venda nos sites das melhores livrarias.